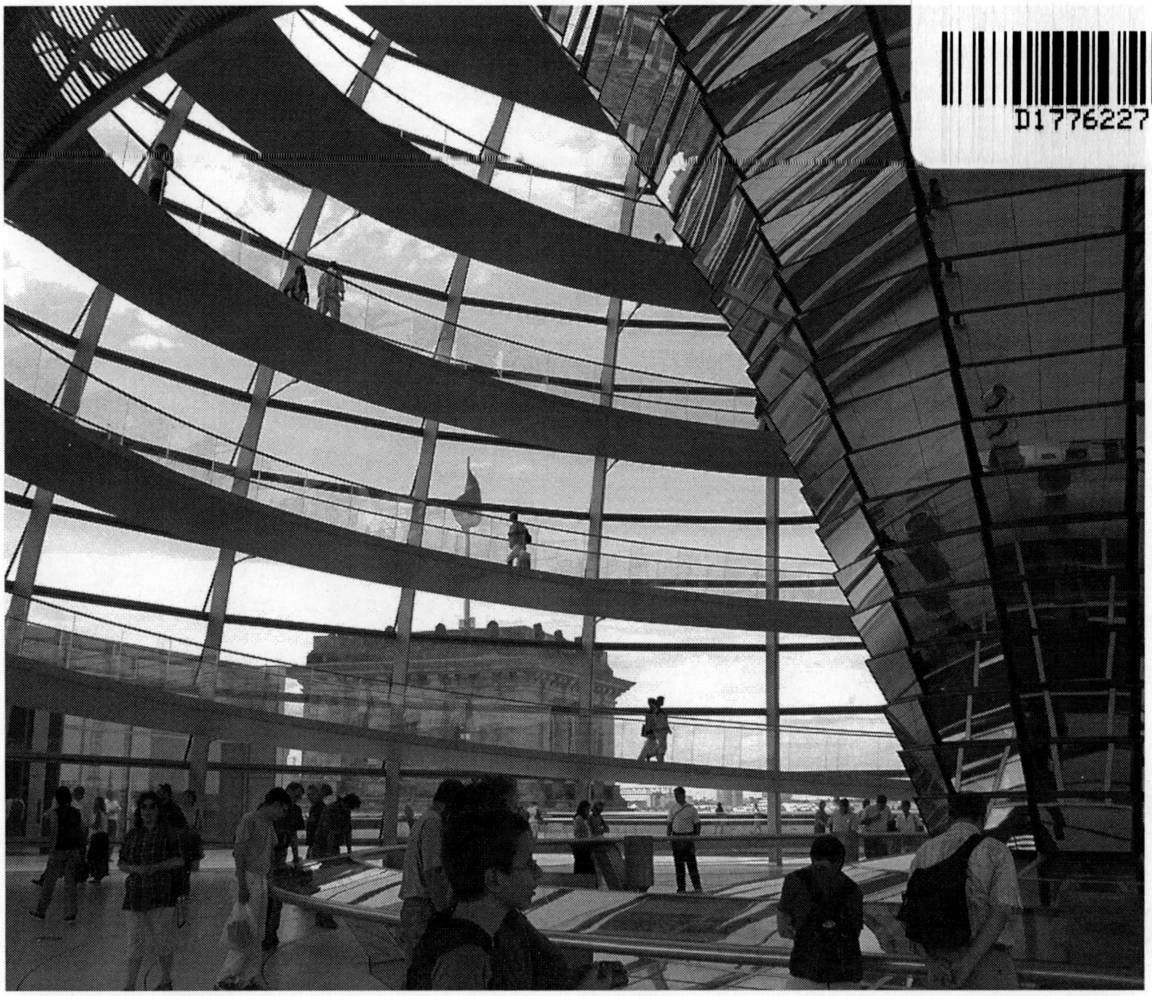

Gut lesen, besser schreiben

Martina Esser & Ian Maun

Academic editor: Annette Duensing

Martina Esser

Deputy Head of Teaching, Learning, Development and Quality at Exeter College, she is also a Principal Examiner for Cambridge International Examinations and has worked for other major exam boards in the past. She is an experienced writer of German and French textbooks.

Ian Maun

Lecturer and Research Fellow at the School of Education and Lifelong Learning at Exeter University. He is an experienced writer of French textbooks and the author of a French grammar.

Annette Duensing

Lecturer in German at the Department of Languages, Faculty of Education and Language Studies at the Open University, UK. She has extensive experience in writing German teaching and assessment materials.

Published by Advance Materials, 41 East Hatley, Sandy, Bedfordshire, SG19 3JA, UK

www.advancematerials.co.uk

First published 2005

© 2005 Martina Esser and Ian Maun

British Library Cataloguing-in-Publication Data

A catalogue record for this book is available from the British Library

All rights reserved. No part of this publication may be reproduced, stored in a retrieval system or transmitted, in any form or by any means, mechanical, electronic, or otherwise without the prior permission of the publishers. However, school, university and other educational institution purchasers may make photocopies without fee or prior permission provided that these copies are made solely for the use of students within the institution for which it is purchased. This permission to copy does not extend to additional schools or branches of an institution, who should purchase a separate master copy of the book for their own use.

It is advisable to consult the publisher if there is any doubt regarding the legality of any proposed copying.

The publisher has made every effort to trace copyright holders and obtain permission for copyright material. If any acknowledgement has been omitted, the publisher would be grateful for notification and corrections will be made as soon as possible.

Book and cover design by Glen Darby

Edited by Frances Reynolds

Illustrations by Sue Ollerenshaw

ISBN 0 9547695 0 3

ADVANCE MATERIALS: GUT LESEN, BESSER SCHREIBEN

Contents

Section 1 – Personal writing

Unit	Grammar/functional focus	Writing skill	Teacher's notes	Students' worksheets
1 Brief aus den Ferien	Use of adjectives Expressing opinions	Time sequencing in a narrative over the course of several days	10	15
2 Auszüge aus Peters Tagebuch	Modals Use of adverbials of time *wenn*	Choosing an appropriate register	21	27
3 Der erste Schultag	Relative pronouns in nominative case Form and uses of the imperfect	Time sequencing in a narrative over the course of several hours	33	41
4 Briefkastentante/ Briefkastenonkel	Comparatives The conditional	Explaining a problem Writing a solution	48	53

Section 2 – Narrative/Recount

Unit	Grammar/functional focus	Writing skill	Teacher's notes	Students' worksheets
5 Einbrecher bezahlen, um einzubrechen	Markers of time in a narrative Pluperfect and imperfect tenses	Organising material chronologically	57	63
6 Aus dem Tagebuch	Use of past, present and future tenses	Ordering events in an account	68	73
7 Biografie eines Großvaters	Passive Imperfect	Selecting information	81	87

Section 3 – Descriptive/Informative

Unit	Grammar/functional focus	Writing skill	Teacher's notes	Students' worksheets
8 Wie verhindert man zu viel Stress?	Imperative Adjectives Adverbs	Writing explanations and solutions	94	99
9 Ist Usedom eine Reise wert?	Present tense (generic)	Organising text into sections/paragraphs	104	109
10 Kuala Lumpur	Passive Adjectival use of comparatives and superlatives	Using a journalistic style	116	122

Section 4 – Formal writing

Unit	Grammar/functional focus	Writing skill	Teacher's notes	Students' worksheets
11 Bewerbungsbrief	Avoiding the use of the conditional	Using formal language to write a letter of application	127	132
12 Die Presse	Use of the subjunctive in indirect speech	Choosing an appropriate style	137	146

Section 5 – Discussing and persuading

Unit	Grammar/functional focus	Writing skill	Teacher's notes	Students' worksheets
13 Man ist, was man isst!	Subordinate clauses introduced by *wenn* and *dass*	Putting forward convincing arguments	154	161
14 Ist Leistungssport Mord?	Constructing persuasive arguments	Organising and writing an argumentative essay	168	177
15 Sollten Autos aus dem Stadtzentrum verbannt werden?	Passive Constructing persuasive arguments	Organising and writing an argumentative essay	185	191

Appendix   198 – 205
Acknowledgements   206

Introduction

The aim of this book is to train students in techniques that will enable them to write clearly and coherently at an advanced level. By introducing them to a variety of text types and by giving them the opportunity to analyse and work with these texts, the authors aim to help students to develop the skills to write in a variety of styles and registers. Students' learning is guided and supported step by step throughout the book, so that their acquisition of skills is carefully structured, and practice is built in at each stage.

Writing is a process, but not necessarily a linear one. Planning, drafting, re-writing, moving blocks of text, changing words, re-drafting, discussing the text, deleting, adding – all these form part of the process. In *Gut lesen, besser schreiben* we encourage students to work together on the writing process. Sometimes students will work alone on an aspect of a text and then come together to compare their findings, or work to produce two sides of an argument. In some sections we invite students to edit the work of others, which is then re-drafted. Re-drafts may form the basis of yet further discussion before a final written outcome is produced.

This collaborative approach not only helps students verbalise and reflect on the processes that they are using in drafting a piece of writing, but also makes the difficult task of writing long pieces of written work in German much less daunting. We hope that our approach to German texts will encourage an awareness of the writing process and the fact that co-operation may often take one further than competition.

A Level (AS and A2) and International Baccalaureate (I.B.) students need to master not only the writing of the conventional formal essay, but also a whole host of other types of writing, formal and informal, for different purposes. To this end, we expose students to different text types, and actively involve them in analysing what characterises each type of text. Once the student becomes sensitised to the structure of different text types (s)he is then *much* better placed to begin writing in a style which is appropriate to the task set in terms of structure, register, grammar and content.

Text types

Although *Gut lesen, besser schreiben* contains interesting topic-related texts, the book is organised around the principle of **text types**, rather than topics. They are divided into five sections as follows:

1. Personal writing
2. Narrative/Recount texts
3. Descriptive/Informative texts
4. Formal letters
5. Persuasive/Argumentative texts

Below is an explanation of what characterises each of these types and makes it different from the others. Please note that the examples given of the texts which illustrate these types include some texts which the students will neither meet nor be required to write in this book, but which nonetheless fall into the same category.

Personal writing:

These are texts which essentially relate to the writer, e.g. letters and diaries. Because of their nature, much of the writing is in the first person (*ich*) with a second person being addressed in some texts (*du, ihr, Sie*). The most common tenses (present, perfect, future, imperfect*)* will predominate, and there will be much use of modal verbs (*können, müssen, wollen, sollen, dürfen*) as feelings and states of mind are under discussion. Some of the elements of the text types below will also appear (e.g. recount and description).

Recount texts:

These are texts in which events follow each other in chronological or near-chronological order. There is little description, and there may be few examples of subordination. The content is essentially concrete, and indications of time may be frequent. The tenses will be those of narration, i.e. mainly the present, the perfect and the pluperfect. Few pure recount texts exist. Rather, recount tends to be mixed with description, and so the text takes on certain characteristics of the descriptive text (e.g. use of present and imperfect tenses). Texts which tell a story involving protagonists, problems and their solutions are known as **narrative texts.** The biography and autobiography are typical examples, as are novels.

Descriptive texts:

In these texts, the narrative tenses (perfect, pluperfect) tend to be absent and the present and the imperfect predominate. Co-ordinating conjunctions (such as *und, aber*) are likely to be present. There will be subordination, particularly relative clauses. Vocabulary will be both concrete and abstract. Adjectives will play an important part in the text. **Informative texts** within this category explain, guide, offer advice, expound, summarise and forecast. They are characterised by affirmative statements, or more rarely, negative statements. The predominant tenses are the present and the future, although past tenses may be used to explain the historical roots of a situation. Vocabulary may be a mixture of the concrete and the abstract. Subordinating conjunctions may be present and logical connectors (such as *so dass, obgleich, wenn*) appear.

Formal letters:

As their name suggests, these kinds of letters are written to a certain form or formula. This is a text type in which conventions are observed.

These include the layout on the page and the formality of the language. Many set phrases are used. To deviate from this style is to make the letter more informal.

Persuasive texts:

These are texts whose aim is to put over a particular viewpoint. Only one side of an argument is presented. If opposing viewpoints are mentioned, it is with a view to demolishing or belittling such opinions. Examples of persuasive texts include advertising texts, political propaganda and texts published in aid of a particular cause, e.g. a charity, an ecological organisation, etc. **Argumentative texts** are those which present both sides of a given question. Typical examples are journal articles, intelligent newspaper leaders, and, of course, the A Level essay! They tend to be very formal, using a set structure, though variations on the theme are to be found. The language tends to be serious and formal, though the text may be leavened with humour or with language taken from a less formal register.

How to use this book

It should first be emphasised that it is not intended that teachers and students should work through this book from cover to cover, starting at the beginning and stopping at the end. The book is, rather, intended to support teachers and students in their work towards AS, A2 and I.B. by reinforcing their writing skills through the use of particular text types. Some text types are probably easier than others, e.g. personal writing comes more naturally to students than writing argumentative texts. It will make sense, therefore, to use the Personal writing section when students are studying such issues as Family and Youth Culture. Similarly, the argumentative texts may be more appropriate closer to the time when students are dealing with heavily intellectual topics and are required to present an argument or write an essay at AS, A2 or in the I.B. during the second year of study.

Teachers are not only free to choose the units they will use, but within each individual unit they may not find it useful, desirable or convenient to use all the exercises and activities proposed therein. Freedom to choose lies with the individual teacher and his or her students. Since students and their abilities come in all shapes and sizes, it is necessary to differentiate in order to enable each individual learner to make the most of teaching and learning materials. To assist them with differentiation, a number of suggestions are made in the teacher's notes, so that both slower and more able learners make the most profitable use of their time and the materials available.

While it is generally intended that students should work with a teacher, in the case of large groups sometimes some groups of students will have to get on with the work on their own, working at their own pace. In such cases, the answers to the exercises may be photocopied and given to students for reference, so that they can check their progress before moving on.

The book is divided into two main parts: the teacher's notes and the photocopiable students' worksheets.

The teacher's notes

The teacher's notes for each unit begin with the outcome of the unit and a summary of what the students will be learning. The following explains the different categories listed.

Outcome	The final written task the students are working towards
Writing skill	Writing skills the students will use in the process of drafting, and which they can apply in other writing situations
Grammar/functional focus	The grammar point(s) the students will work on in the unit before writing their own text
Audience	The audience for whom the student's final written text is intended
Preliminary grammar revision	Presumed prior grammar knowledge you may need to revise before starting the unit

The teacher's notes begin with a section entitled **Text features** which points out important features both of the text and the text type of which it is an example. There are notes on particular vocabulary, expressions and grammatical features as well as notes on stylistic points.

The section entitled **Einführung** is written in German. It is intended as a possible introduction to be read aloud to the students. This is to give them a preliminary idea of the topic to be discussed and worked on, and to get their minds concentrating on what this might involve and the outcome at which they are aiming.

Each of the exercises which follow has a title which sums up the activity in an infinitive verb (e.g. **Vorhersagen**) and the aims are clearly stated.

There are answers to the exercises, suggestions for preliminary or further work on particular aspects, practical ideas for managing the group work, and suggestions connected with the final written outcome. Some units also contain research on the Internet, which acts as a springboard to enable students to go off in different directions once they have worked through the exercises. Through the suggestions we provide they can do further research on topic, style, vocabulary and phrases.

The students' worksheets

In *Gut lesen, besser schreiben*, the student will meet a wide variety of text types and styles. As the title suggests, the writing process in the book is divided into two halves: reading, and then writing. Each of the five sections of the book consists of a number of units. Each unit presents the student with a text that exemplifies a particular text type. Students are then helped to analyse how the text is put together before embarking on the writing of a piece on a similar theme and of a similar nature.

Students are given copies of the photocopiable students' worksheets. These contain the text and exercises.

It is essential that the teacher read through the teacher's notes before giving the worksheets to the class. Not only will this aid familiarisation with the text, but it will enable the teacher to pinpoint in advance any areas where a group of students may need help on a particular point (e.g. grammar, vocabulary).

Students may already be aware of the *Neue Rechtschreibung* (spelling reforms). While many of the changes have been incorporated into the spelling system without difficulty or controversy, there remain areas of uncertainty and doubt among users. The reforms are on-going, and such questions may only be finally resolved at a later date.

Working with the text

Each text is approached in a slightly different way, but there is a clear and general pattern to the activities.

First, **the teacher introduces the topic** and explains what the 'model' text is about and what the outcome will be for the student (e.g. writing a formal letter, writing a persuasive letter).

The **students are then asked to predict** what the content of the 'model' text will be. This encourages them to focus actively on that particular text type, and to call upon their own knowledge of the world before they see the text. In some units this prediction is very structured, and in some others it is less so. This preliminary work could be done at the end of a lesson prior to setting a homework where students read the text. In class, the pooling of vocabulary or ideas may be done on a whiteboard, or on an interactive whiteboard (IAWB), in which case the information amassed may be filed for future use.

Students then read the text at least twice, only resorting to looking up any words and expressions they do not know when they have tried to guess the meanings of unknown words and expressions from the context. The teacher will supply whatever help is felt necessary or desirable at this stage. On page 199 there is a photocopiable sheet which students can use for each unit. On it they should note down the unit title, the text type and the vocabulary and phrases they learn. The use of bilingual dictionaries is an important aspect of students' learning. They should be encouraged to consult them regularly and with the knowledge that using such a source is a normal and essential part of any linguist's work. They should also be encouraged to use strategies such as guessing the meaning of a word from its context, or from the features that indicate its grammatical category.

Students then **compare their predictions** with what they have found in the text. Sometimes they will compare their lists with those of other students, either before or after reading the text.

There then follows **a series of exercises** which are designed to familiarise the student with the language, the structure and the grammar of the 'model' text. A short exercise heading summarises what the student's task is.

An essential part of the student's experience at school or college (and a Wider Key Skill) is **working with others**, sometimes in pairs, sometimes in groups. This may involve comparing and contrasting, debating, adding information to what already exists, researching a particular aspect of a topic before presenting it to a group, making contributions to others' work or editing it at the final stage.

Having studied the structure and characteristics of the 'model' text, **the students produce a text of a similar nature** to that which has been studied, possibly on another theme. This is very often a joint or communal effort, with an editor or editorial team responsible for the final written outcome. This is an important aspect of developing Key Skills, as is the use of ICT (below).

The use of ICT is consciously and consistently encouraged throughout the book. Students are required to use the Internet in some units for background research, and they are expected to word-process their writing and to download or scan images to illustrate their texts, thus making their presentation more forceful and more persuasive.

Students who work their way through this book will encounter both breadth and depth in the choice of texts. We hope that they will enjoy the process of reading a variety of text types and of creating their own texts.

Martina Esser and **Ian Maun**

Exeter 2005

UNIT 1: Brief aus den Ferien

UNIT FRAMEWORK

Outcome	Writing a personal letter/e-mail to a friend recounting a holiday abroad
Writing skill	Time sequencing in a narrative over the course of several days
Grammar/functional focus	Use of adjectives; expressing opinions
Audience	A friend of the same age
Preliminary grammar revision	Verb tenses (past, present and future); imperfect of *haben* and *sein* (*hatte* and *war*); prepositions

TEXT FEATURES

This text is an informal holiday letter from one friend to another and takes the form of a piece of narrative writing. The features of the text are as follows.

- Frequent use of the first person (singular and plural): *ich, wir*

- Occasional address to the reader: *du, dir*

- Use of informal, slang and idiomatic phrases: e.g. *ähh!; Nach der Camperei...; Manche Fehler macht man halt nur einmal.*

- Expression of opinions: e.g. *Das wird toll!*

- Chronological structure with some flashback and prediction: e.g. *Vorgestern... gestern... jetzt...; wir hatten* (flashback) *... morgen...*

- Frequent description, with consequent use of adjectives: e.g. *über Berge mit fantastischen Wasserfällen; Das ist schön und romantisch!; Das wird toll!*

The tone of the text is determined by the relationship of the writer with the reader. Although the text is grammatically and orthographically correct, it is nevertheless written in a chatty style in places, which accounts for the incomplete sentences and exclamations one would otherwise associate with spoken language. This style conveys the feeling of friendliness and intimacy between the writer of the letter and its reader.

EINFÜHRUNG

Sie lesen heute einen Urlaubsbrief, den Melanie aus einem Irlandurlaub an ihre Freundin Sandra schreibt. In diesem Brief beschreibt Melanie, was sie gemacht und gesehen hat. Zuerst sollen Sie vorhersagen, worüber sie schreiben könnte. Was für Meinungen könnte sie auch ausdrücken? Wenn Sie mit Ihrem Partner/Ihrer Partnerin die Vokabeln und Stukturen untersucht haben, die man in einem solchen Brief benutzen kann, werden Sie zuletzt einen ähnlichen Brief schreiben.

Personal writing 11

▶1 VORHERSAGEN

Aim: to prepare students for the reading comprehension by encouraging them to use their knowledge of the world to predict what topics might come up in such a holiday letter/e-mail.

You could build up a list on the whiteboard, on an OHP or on an IAWB. The following topics might be suggested and others can be added as appropriate.

Anreise	Unfälle
Sehenswürdigkeiten	Essen
Reiseprobleme	Pläne
Leute/Mitreisende/Bekanntschaften	Kneipen
Ankunft	Meinungen
Aktivitäten	süßer Junge/süßes Mädchen
Hotel/Campingplatz/B&B	

▶2 LESEN

Students should read the text at least twice. They should discuss possible meanings of unknown words using the context to help them, before using reference material such as a dictionary or glossaries. All suggestions could be written on a whiteboard or IAWB. Students should then enter new words and expressions on a new vocabulary sheet (see page 199) under the headings below. Alternatively, you could print a cumulative version of their suggestions from the IAWB.

Textart: Persönliches Schreiben

Titel: Urlaubsbrief

▶3 VERGLEICHEN

Aim: to focus students' attention on the vocabulary and topics which did come up in the article and to compare these with their own predictions.

Students now compare the list they compiled in Exercise 1 with the events and opinions mentioned in the text. If you have an electronic version of the original list you could print copies for your students to use as a checklist and to which they could add further information. Alternatively, they can work with the lists they compiled in pairs.

Cultural note: point out to students that a *Pension* is a small hotel, whereas *Bed and Breakfast* means accommodation in a private house. This term is now also used in German.

▶4 ORDNEN

Aim: to raise students' awareness of the chronological ordering used in the text and the means used to express it.

Students now work out what happened on each day of the holiday. Melanie writes her letter on 20th July. In order to carry out this exercise, students must be aware of the meanings of *vorgestern, gestern, heute, morgen* and *übermorgen*, as the events are not listed chronologically in the text. If they are uncertain of these terms you could run through a brief chronological account of your week, writing the adverbs of time on the board. For example:

Teacher's notes **Unit 1**

ADVANCE MATERIALS: GUT LESEN, BESSER SCHREIBEN

Heute ist Dienstag und ich arbeite hier in der Schule mit Ihnen. **Gestern** war ich auch hier. **Vorgestern** aber war Sonntag und ich bin mit meiner Familie zu Hause geblieben. **Morgen** ist Mittwoch, und wir haben noch eine Deutschstunde. **Übermorgen** ist Freitag – dann ist die Schulwoche zu Ende!

POSSIBLE ANSWER

vorgestern	18. Juli	Wir sind von Frankfurt nach Cork geflogen.
gestern	19. Juli	Wir haben einen Bus in Richtung Westen genommen und (wir) sind in Killarney angekommen.
heute	20. Juli	Ich schreibe den ersten Brief von einem kleinen Campingplatz.
morgen	21. Juli	Wir werden weiter in Richtung Glenbeigh wandern, wo wir hoffentlich morgen Abend ankommen werden.
übermorgen	22. Juli	Wir hoffen in Cahersiveen anzukommen, wo wir einige Tage verbringen wollen.

▶ 5 ZUORDNEN

Aim: to introduce students to some expressions in German that are not immediately transparent.

Students match the German expressions listed to their English equivalents. You could ask which of these expressions could be used regularly in letters, and which might only be appropriate in specific situations.

ANSWER

wie versprochen	*as promised*
Worauf habe ich mich da nur eingelassen?	*What have I let myself in for?*
Wir waren so kaputt.	*We were shattered.*
Manche Fehler macht man halt nur einmal.	*Once bitten, twice shy.*
Ich freue mich schon.	*I'm already looking forward to it.*
einfach widerlich	*simply revolting*
Jetzt bin ich wieder todmüde.	*Now I'm completely exhausted again.*

▶ 6 KLASSIFIZIEREN

Aim: to encourage students to explore the lexical fields employed in the text.

Students work alone or in pairs to sort the vocabulary listed into the four classifications given. The shading in the tables indicates the number of items for each category.

ADVANCE MATERIALS: GUT LESEN, BESSER SCHREIBEN

ANSWER

Übernachtungsmöglichkeit	Natur	Essen	Getränke
der Campingplatz	der Nationalpark	die Dosensuppe	das Guinness
die Pension	die Wasserfälle	die Eier	das Wasser
	der Wind	der Eintopf	
	die Blumen	das Brot	
	die Felsen	die Marmelade	
		der Speck	

▶ 7 ERGÄNZEN

Aim: to give students practice in using new vocabulary in different contexts.

Students work alone to complete the sentences, inserting appropriate words from the table.

Note that the use of certain prepositions determines some gaps, e.g. *Pension* is the answer for number 1, as *in* precludes the use of *Campingplatz*, which requires *auf*.

ANSWER

1. Wir haben in einer **Pension** übernachtet.
2. Im Nationalpark konnten wir kein **Wasser** kaufen. (***Guinness** also possible.*)
3. Zum Frühstück haben wir **Speck** und **Eier** gegessen. (***Brot und Marmelade, Brot und Eier** also possible.*)
4. In der Kneipe haben wir **Guinness**, das typische irische Bier getrunken.
5. Es ist billiger auf einem **Campingplatz** zu übernachten, als in einem Hotel.

▶ 8 WIEDER BENUTZEN

Aim: to extend students' command of vocabulary and grammar by writing new sentences.

Students now combine the vocabulary and structures from the two previous exercises to produce at least three new sentences. When using the different adverbs of time they will have to pay attention to the correct choice of tense.

SUGGESTED ANSWER

Gestern haben wir in einem kleinen „Bed und Breakfast" übernachtet und haben da sehr gut gegessen. Zum Frühstück, Toast und Eier mit eiskalter Milch. Heute fahren wir weiter, vielleicht bis zum Bridia Pass. Wir werden morgen weiterwandern und in einer kleinen Pension übernachten.

▶ 9 UNTERSUCHEN

Aim: to get students to reflect on the difference between adjectives which agree (in pre-nominal, attributive position) and adjectives which do not agree (in post-verbal, predicative position).

Students examine the sentences given and underline in one colour all adjectives which have no endings. They then underline in another colour all those which have endings. They reflect on why some have endings and some do not.

Personal writing — Unit 1

ANSWER

Adjectives without an ending (predicative position): 6, 8, 9

Adjectives with an ending (attributive position): 1–5, 7, 10

If the adjective comes immediately before the noun, it agrees with it. If it comes after some part of the verb *sein/werden*, it doesn't.

▶10 KLASSIFIZIEREN

Aim: to get students to think about the connotations of adjectives/particular words.

Students classify adjectives as positive or negative. There may be some discussion as to whether some adjectives fall into one or other of the two lists, e.g. *billig*.

positive Konnotationen	negative Konnotationen
schön	anstrengend
charmant	ziemlich entnervt
herrlich	total müde
gemütlich	kaputt
toll	widerlich
gestärkt	
fantastisch	
billig	
romantisch	
echt irisch	

▶11 ENTWERFEN

Aim: to teach students to write with a particular slant (positive/negative).

Students write a positive and a negative paragraph using materials from the previous exercises. This work should be done as a piece of pair-work, with one student working on the negative paragraph and another on the positive one. Once this has been completed, they put their two texts together to check for any inconsistencies (e.g. one student says the breakfast was fantastic, the other says it was disgusting), re-write accordingly and write a connecting sentence.

NEGATIV

Wir haben… Das war aber ziemlich entnervt.

Später haben wir… Manche Fehler….

Auch sind wir… Das war einfach widerlich.

POSITIV

Heute aber geht alles besser. Wir…

Das ist aber schön….

Wir haben vor… ich freue mich darauf.

▶12 SCHREIBEN

Aim: to get students to draw together what they have learned to produce a structured text using the appropriate language and tone.

Students write a letter together using the writing frame provided. Once you have pointed out errors in their efforts, they should re-draft the letter and send it to a friend in the group to be read.

ADVANCE MATERIALS: GUT LESEN, BESSER SCHREIBEN

UNIT 1: Brief aus den Ferien

▶1 VORHERSAGEN

Sie sollen einen Urlaubsbrief von einer Freundin, die in Irland Urlaub macht, lesen. Worüber wird sie Ihrer Meinung nach schreiben? Arbeiten Sie zu zweit oder in einer kleinen Gruppe.

- Machen Sie eine Liste.

BEISPIEL

Anreise

Essen

▶2 LESEN

Arbeiten Sie zu zweit.

- Lesen Sie den folgenden Text mindestens zweimal.
- Suchen Sie in einem Wörterbuch die Wörter und Ausdrücke, die Ihnen unbekannt sind, oder besprechen Sie den Sinn von unbekannten Wörtern mit Ihrem Partner/Ihrer Partnerin.
- Tragen Sie diese Wörter und Ausdrücke auf ein neues Vokabelblatt ein.

> Irland, den 20. Juli
>
> Liebe Sandra!
>
> Wie geht es dir? Wie versprochen, hier der erste Brief! Vorgestern sind wir von Frankfurt nach Cork geflogen. Gestern haben wir einen Bus nach Westen genommen und sind in Killarney angekommen. Wir wandern jetzt in Richtung Glencar. Das ist sehr schön, aber auch anstrengend. Killarney ist ein charmantes Städtchen und der Start- und Zielort unserer Wanderung über den Kerry Way. 220km – worauf habe ich mich da nur eingelassen? Alle Knochen tun mir weh. Du hattest Recht gehabt – es ist hart!

ADVANCE MATERIALS: GUT LESEN, BESSER SCHREIBEN

Von Killarney sind wir durch den herrlichen Nationalpark gekommen, waren aber ziemlich entnervt, als wir merkten, dass es keine Getränkekiosks gab… wir hatten nämlich nichts zu trinken mit. Gestern Abend sind wir total müde im Black Valley angekommen, wo wir übernachtet haben. Wir waren so kaputt, dass wir nach dem Abendessen sofort in den Schlafsack gekrochen sind.

Heute sind wir um 7.30 Uhr aufgestanden und haben erstmal gut gefrühstückt: Speck, Eier, Brot und Marmelade. Das hat toll geschmeckt. Danach fühlten wir uns gestärkt für den nächsten Tag. So sind wir heute über Berge mit fantastischen Wasserfällen gewandert, vorbei an hohen Felsen und bunten Blumen. Es ist eine herrliche Gegend. Und heute hatten wir auch genug Wasser dabei. Manche Fehler macht man halt nur einmal.

Jetzt sitze ich hier. Heute zelten wir wieder auf einem kleinen Campingplatz und allmählich wird es dunkel. Claudia zündet gerade eine Kerze an. Das ist schön und romantisch! Solange der Wind sie nicht ausbläst, kann ich noch weiterschreiben.

Übermorgen werden wir in Cahersiveen ankommen, wo wir einige Tage verbringen wollen. Nach der Camperei freue ich mich sehr auf ein ordentliches Bett in einer Pension und ein heißes Bad!

Aber morgen geht es zuerst weiter in Richtung Glenbeigh, wo wir hoffentlich morgen Abend ankommen werden. Dort soll es ein tolles Pub geben, wo man auch campen kann. Guinness und dazu einen irischen Eintopf! Ich freue mich schon. Wenn wir Glück haben, wird vielleicht auch jemand Musik machen. Du weißt ja, ich liebe irische Musik! Das wird toll!

Heute Abend hat Werner gekocht, ähh! Natürlich ist es nicht einfach, auf einem kleinen Campingkocher für drei Personen etwas zu kochen, aber diese Dosensuppe war einfach widerlich! Es hat überhaupt nicht geschmeckt! Ich werde dir übermorgen wieder schreiben. Morgen werde ich diesen Brief hier in den Briefkasten werfen. Jetzt bin ich wieder todmüde. Also dann, bis bald.

Deine Melanie

▶ 3 VERGLEICHEN

Vergleichen Sie nun Ihre Liste aus Aufgabe 1 mit dem Text.

- Was hatten Sie richtig vorhergesagt?
- Hat die Schreiberin über Dinge geschrieben, an die Sie nicht gedacht hatten?

▶ 4 ORDNEN

Arbeiten Sie alleine oder zu zweit.

- Füllen Sie die Tabelle aus.
- Schreiben Sie links, welcher Tag es ist, z.B. morgen, vorgestern. (Melanie schreibt am 20. Juli.)

ADVANCE MATERIALS: GUT LESEN, BESSER SCHREIBEN

- Ergänzen Sie die Sätze auf der rechten Seite mit den Aktivitäten der Wandergruppe. Die Informationen finden Sie im Text.

	18. Juli	Wir sind von Frakfurt nach Cork geflogen.
	19. Juli	Wir haben… und wir sind…
heute	20. Juli	Ich schreibe …
	21. Juli	Wir werden …
	22. Juli	Wir hoffen …

▶ 5 ZUORDNEN

Arbeiten Sie alleine.

- Verbinden Sie die passenden Ausdrücke.

wie versprochen	Now I'm completely exhausted again.
Worauf habe ich mich da nur eingelassen?	Once bitten, twice shy.
Wir waren so kaputt.	I'm already looking forward to it.
Manche Fehler macht man halt nur einmal.	simply revolting
Ich freue mich schon.	as promised
einfach widerlich	What have I let myself in for?
Jetzt bin ich wieder todmüde.	We were shattered.

wie versprochen is connected to *as promised*.

▶ 6 KLASSIFIZIEREN

Arbeiten Sie alleine oder zu zweit.

- Ordnen Sie die Wörter auf der nächsten Seite in die passenden Spalten ein.

Übernachtungs-möglichkeit	Natur	Essen	Getränke
	der Nationalpark		

ADVANCE MATERIALS: GUT LESEN, BESSER SCHREIBEN

- die Dosensuppe
- das Guinness
- der Campingplatz
- ~~der Nationalpark~~
- die Wasserfälle (*pl*)
- die Eier (*pl*)
- der Wind
- der Eintopf
- die Pension
- das Brot
- das Wasser
- die Blumen
- die Felsen
- die Marmelade
- der Speck

▶ 7 ERGÄNZEN

Arbeiten Sie alleine.

- Ergänzen Sie die folgenden Sätze, indem Sie Wörter aus der oben stehenden Tabelle aus Aufgabe 6 hinzufügen.

BEISPIEL

Die Nacht war kalt und wir haben einen heißen _____ gegessen.

→ Die Nacht war kalt und wir haben einen heißen **Eintopf** gegessen.

1 Wir haben in einer _____ übernachtet.

2 Im Nationalpark konnten wir kein _____ kaufen.

3 Zum Frühstück haben wir _____ und _____ gegessen.

4 In der Kneipe haben wir _____, das typsche irische Bier, getrunken.

5 Es ist billiger auf einem _____ zu übernachten, als in einem Hotel.

▶ 8 WIEDER BENUTZEN

Arbeiten Sie alleine oder mit Ihrem Partner/Ihrer Partnerin.

- Benutzen Sie jetzt die Wörter und Sätze aus den Übungen 6 und 7, um neue Sätze zu schreiben.
- Schreiben Sie mindestens drei Sätze. Beginnen Sie den ersten Satz mit „Heute", den zweiten mit „Gestern" und den dritten mit „Morgen".

BEISPIEL

Vorgestern haben wir in einer kleinen Pension übernachtet und haben da sehr gut gegessen. Zum Frühstück, Toast und Eier mit eiskalter Milch.

▶ 9 UNTERSUCHEN

Arbeiten Sie alleine oder zu zweit.

- Untersuchen Sie die folgenden Sätze aus dem Brief.
- Unterstreichen Sie alle Adjektive, die keine Endung haben, in einer Farbe und alle Adjektive, die eine Endung haben, in einer anderen Farbe.
- Überlegen Sie, warum manche Adjektive keine Endung haben.

ADVANCE MATERIALS: GUT LESEN, BESSER SCHREIBEN

BEISPIEL

Ich liebe <u>irische</u> Städte!

1 Ich liebe irische Musik!
2 mit fantastischen Wasserfällen…
3 Killarney ist ein charmantes Stätdchen.
4 …wo wir in einem gemütlichen Bed und Breakfast übernachtet haben.
5 Ich freue mich sehr auf das komfortable Hotel.
6 Das wird toll!
7 Es ist eine herrliche Gegend.
8 Das ist schön und romantisch.
9 Diese Dosensuppe war einfach widerlich!
10 Dort soll es ein tolles Pub geben.

▶ 10 KLASSIFIZIEREN

Arbeiten Sie alleine oder zu zweit.

- Entscheiden Sie, ob die folgenden Adjektive für Sie persönlich eher positive oder negative Assoziationen haben.
- Schreiben Sie sie in die passende Liste.

schön	anstrengend	charmant	herrlich	romantisch
ziemlich entnervt	total müde	gemütlich	kaputt	widerlich
toll	gestärkt	fantastisch	billig	echt irisch

positive Assoziation
schön

negative Assoziation
anstrengend

▶ 11 ENTWERFEN

Arbeiten Sie zu zweit.

- Einer entwirft einen negativen Absatz für Ihren Brief, der/die andere einen positiven.
- Verwenden Sie hierbei die Adjektive aus Übung 10.
- Danach setzen Sie die beiden Hälften zusammen. Prüfen Sie, dass sich die beiden Teile nicht widersprechen.
- Schreiben Sie einen Satz, der die beiden Teile logisch verbindet.

NEGATIV

Wir haben/sind… . Das war aber schrecklich.

Später haben wir… . Manche Fehler… .

Auch sind wir… . Das war einfach widerlich.

POSITIV

Heute aber geht alles besser. Wir… .

Das ist aber schön… .

Wir haben vor… . Ich freue mich darauf.

ADVANCE MATERIALS: GUT LESEN, BESSER SCHREIBEN

12 SCHREIBEN

Arbeiten Sie zu zweit.

- Schreiben Sie in 150 Wörtern einen Urlaubsbrief. Benutzen Sie die folgende Struktur.
- Nachdem Ihr Lehrer/Ihre Lehrerin den Brief verbessert hat, schicken Sie ihn an einen Freund/eine Freundin in der Klasse.

STRUKTUR

Ort, Datum
Anrede und Einführung
Heute (+ Meinungen)
Gestern (+ Meinung) Oder: *Vorgestern* (+ Meinung)
Morgen (+ Kommentar)
Übermorgen
Ende

UNIT 2:
Auszüge aus Peters Tagebuch

UNIT FRAMEWORK

Outcome	Writing a diary entry
Writing skill	Choosing an appropriate register
Grammar focus	Modals; use of adverbials of time; *wenn*
Audience	Teenagers with similar problems
Preliminary grammar revision	Perfect tense

TEXT FEATURES

This article is typical of the type of diary text that appears in teenage magazines. Its purpose is to describe a typical situation in which teenagers might find themselves, to narrate what happened and to say how the subjects felt. Since one of the many purposes of these magazines is to help teenagers, there is also a sort of moral ending, e.g. *Ende gut, alles gut!* The features of the article include the following.

- Division into distinct sections or paragraphs
- The use of teenage slang, e.g *total gut drauf*
- The use of abbreviated sentences, often without a verb, e.g. *Totaler Absturz*
- The transcription of speech patterns e.g. *sooo*
- Expressions of emotion, e.g. *Wow!*, and the indication of emotion through the use of exclamation marks, e.g. *Nie wieder Alkohol!*
- The use of '…', which allows the reader to complete the sense or the implied meaning or connotation of what is said.

EINFÜHRUNG

Heute besprechen wir Auszüge aus einem persönlichen Tagebuch.

Peter ist 17 Jahre alt und wohnt bei seinen Eltern. Er ist ein ganz normaler Junge, mag Partys und bei seinen Freunden und Freundinnen zu sein. Wie die meisten jungen Leute, hat er nicht immer gute Beziehungen zu seinen Eltern. Er interessiert sich fürs Reisen und hofft, Europa und Afrika zu besuchen. Er schreibt jeden Tag in sein Tagebuch. Worüber könnte er schreiben? Was für Eintragungen werden wir in seinem Tagebuch finden?

▶1 VORHERSAGEN

Aim: to prepare students for the reading comprehension by encouraging them to use their knowledge of the world to predict what vocabulary might come up in the text.

You could build up a list on the white board, on an OHP or on an IAWB. The following topics might be suggested and others can be added as appropriate.

22 Personal writing

Freunde und Freundinnen

Sex

Partys

Streit mit den Eltern

Ausflüge

Zukunftspläne

Reisen

Schule/Kollegschule/Universität

Alkohol und Drogen

Gefühle

Ferienpläne

Pläne fürs Wochenende

▶ 2 LESEN

Students should read the text at least twice. They should discuss possible meanings of unknown words using the context to help them, before using reference material such as a dictionary or glossaries. All suggestions could be written on a whiteboard or IAWB. Students should then enter new words and expressions on a new vocabulary sheet (see page 199) under the headings below. Alternatively, you could print a cumulative version of their suggestions from the IAWB.

Textart: Persönliches Schreiben

Titel: Auszüge aus Peters Tagebuch

▶ 3 VERGLEICHEN

Aim: to focus students' attention on the topics which did come up in the article and to compare these with their own predictions.

Students now compare the list they compiled in Exercise 1 with the topics mentioned in the text. If you have an electronic version of the original list you could print copies for your students to use as a checklist and to which they could add further information. Alternatively, they can work with the lists they compiled in pairs.

▶ 4 SUCHEN

Aim: to heighten students' awareness of the phenomenon of abbreviated sentences.

Students look in the text for the abbreviated versions of the sentences given. Point out to them that informal writing of this nature will invariably contain shortened sentences and current slang.

ANSWER

1 Gestern Party bei Ferdi.
2 Nach zwei Bier total gut drauf,…
3 Totaler Absturz.
4 Dann plötzlich auf dem Boden mit dem Kopf in der Kloschüssel.
5 Kein Gespräch, kein Kompromiss!
6 Schon wieder Ärger mit den Alten!

Students then compare the above sentences with the longer versions to determine what is missing.

ANSWER

In all cases, the verb, and in some cases both the subject and the verb.

ADVANCE MATERIALS: GUT LESEN, BESSER SCHREIBEN

▶ 5 VERKÜRZEN

Aim: to give students practice in writing abbreviated forms of sentences to produce diary-like language.

ANSWER

1. Auf einer Party bei Gertrud.
2. Zu viel getrunken.
3. Kopf in der Kloschüssel.
4. Furchtbare Kopfschmerzen.
5. Konnte nichts essen.

▶ 6 FINDEN

Aim: to teach students alternative and less formal ways of expressing themselves.

You could usefully introduce the notion of **register** here. The more formal the relationship is between speaker/writer and audience, the more formal and possibly 'old-fashioned' the language will be. Grammar will be 'correct' and sentences will contain all the elements necessary to make meaning clear. The listener or reader will not be expected to make an effort to clear up any misunderstandings – the speaker/writer does all the work.

The less formal the relationship between the speaker/writer and the audience, the more informal, colloquial, up-to-date and slangy the language will be. (e.g. *Toilette* → *Klo*, *reisen* → *losziehen*). Sentences will not necessarily contain all the elements necessary to make the meaning immediately clear (see Exercises 4 and 5, above). The listener or reader will be expected to make more of an effort to reconstruct the meaning.

ANSWER

1. Totaler Absturz.
2. Dann plötzlich auf dem Boden mit dem Kopf in der Kloschüssel.
3. elend
4. … herrscht nachher tagelang eisiges Schweigen.
5. … Ärger mit den Alten.
6. … soll ich oder soll ich nicht.
7. … so was…
8. … kriege ich…
9. Wir werden zu dritt losziehen.
10. … damit die hier wissen, das wir o.k. sind.

▶ 7 WIEDER VERWENDEN

Aim: to teach students a range of temporal expressions suitable for diary entries and encourage them to begin to use them in their own writing.

Students search the text for the words and expressions given. These all relate to **time**. Since personal writing is often seen from the writer's point of view at a particular point in time, s/he needs expressions that clarify the relationship of other events to the time of writing.

ANSWER

yesterday	gestern
then	dann
now	jetzt
in a few days' time	in ein paar Tagen
when	wenn
this time	diesmal
for weeks	wochenlang
in the summer holidays	in den Sommerferien
after several discussions	nach mehreren Diskussionen

POSSIBLE ANSWER

In ein paar Tagen wird es Ferien geben.

Diesmal werde ich es besser machen.

In den Sommerferien werden wir nach Frankreich fahren.

▶8 UNTERSUCHEN

Aim: to give students a framework in which to use modal verbs to express a point of view or an attitude.

Students re-examine the text and highlight examples of modal verbs (*können, dürfen, wollen, sollen, müssen*). Modal verbs are typical of personal writing in which attitudes, wishes and a sense of obligation may be expressed.

ANSWER

10. Februar

(…)

Nichts **darf** ich – so'n Mist!!! Wenn ich mal meine eigene Meinung sage, herrscht nachher tagelang eisiges Schweigen. Trotzdem, alles geht vorbei, auch diesmal wird es in ein paar Tagen wieder OK sein. Aber das Problem, dass ich an den Wochenenden schon mal bei Freunden übernachten **will** ... Alle anderen **dürfen** das, nur ich nicht. Wenn ich 18 bin, werde ich einfach tun, was ich **will**!

7. März

Schon wieder Ärger mit den Alten! Diesmal, weil ich mir ein Tattoo habe stechen lassen. Wochenlang habe ich überlegt, **soll** ich oder **soll** ich nicht? Bei so was **muss** man sich sicher sein, weil es für immer ist. Und ja, ich war mir sicher und nein, ich bereue es nicht. Hat nicht mal weh getan. Ein schönes Motiv ist es auch, eine Rose – finde ich jedenfalls. Meine Eltern **können** es einfach nicht verstehen. **Muss** aber sagen, dass es immer einfacher wird, sich gegen sie zu stellen. Jeder Streit mit ihnen macht mich stärker. Und manchmal kriege ich ja doch, was ich **will**.

15. Juni

Wow! In den Sommerferien werde ich zum ersten Mal ohne die Alten verreisen. Nach mehreren Diskussionen haben sie es tatsächlich erlaubt und geben mir sogar etwas Geld dafür. Ich habe zuerst gedacht, ich hätte nicht richtig gehört. Hätte nie gedacht, dass ich das **darf**. Wir werden zu dritt losziehen – Interrailtickets sind schon gekauft. Rucksack und Schlafsack habe ich im Katalog ausgesucht und bestellt. Wir **wollen** nach Frankreich, Spanien, Portugal und bis nach Marokko. Fantastisch! Die genaue Route **müssen** wir noch planen, aber es ist auch etwas abenteuerlicher, wenn wir einfach losziehen und sehen, was passieren wird. Nur zu Hause anrufen **sollen** wir mindestens alle drei Tage, damit die hier wissen, dass wir OK sind.

▶9 ERGÄNZEN

Aim: to give students practice in using the first person singular of modal verbs.

Students complete the text with appropriate modal verbs.

ANSWER

Oh nein! Am Wochenende **muss/soll** ich meine Tante besuchen. Das **will** ich aber gar nicht! Meine Eltern sagen, dass ich mit ihnen kommen **soll/muss**, weil ich so lange nicht mehr dort war. Wie langweilig! Na, ich **kann/darf** vielleicht meinen Gameboy mitnehmen.

▶10 UMSCHREIBEN

Aim: to teach students more about word order and increase their skill in using it.

Students examine the two sentences given which both contain *wenn* clauses. Point out that the use of *wenn* at the beginning of a sentence produces the following pattern:

Wenn… + verb, verb…

The underlining indicates that the verbs are held together and cannot be separated.

Students then write five sentences with *wenn*, using the above pattern. You could ask them to underline the *wenn* and the linking element (*verb, verb*) in the middle, to show that they have understood the pattern.

Students have a free choice as to what they write. You might like to ask them to write something strange or outrageous and then see who has the most interesting sentences.

POSSIBLE ANSWERS

1 Wenn ich 18 bin, färbe ich mir die Haare grün.

2 Wenn ich mit der Schule fertig bin, gehe ich für ein Jahr als Aupair nach Deutschland.

3 Wenn ich nächstes Jahr Interrail mache, fahre ich auch nach Marokko.

4 Wenn ich mit meinen Freunden zusammen bin, fühle ich mich einfach relaxt und klasse.

5 Wenn ich endlich ein eigenes Auto habe, sprühe ich es rot-grün gestreift.

▶11 BESPRECHEN

Aim: to give students oral practice in the types of sentences they will later write.

Students discuss what they did last weekend and their plans for the coming weekend. They use the perfect tense, the present tense for the immediate future, adjectives and modals. They could also insert expressions of opinion, as Peter does at intervals in his diary, e.g. *Mist!, Fantastisch!*

This could be done in pairs or in groups. These options give students the possibility of using comparatives or superlatives, expressing judgements and giving reasons, e.g. *Mein Wochenende war interessanter als Kirstys. Anthonys Wochenende war das Interessanteste, weil er nach London gefahren ist und ein Rockkonzert gesehen hat.*

ADVANCE MATERIALS: GUT LESEN, BESSER SCHREIBEN

POSSIBLE ANSWER

1 Letztes Wochenende bin ich *mit meinen Eltern in Wales gewesen*.
2 Das war total doof, weil *es die ganze Zeit geregnet hat*.
3 Nächstes Wochenende kann ich *mich mal so richtig ausruhen*.
4 Das ist bestimmt total gut, *weil dann auch gerade super Filme im Fernsehen laufen*.

▶12 SCHREIBEN

Aim: to help students to produce a diary entry incorporating the grammatical and stylistic points which they have studied.

Students write three short diary entries. These could relate to their own lives, or they could use their imagination and become someone else, e.g. Bart Simpson, Buffy, David Beckham.

Remind them to use features that have occurred in Peter's diary.

- Shortened sentences, e.g. *Totaler Absturz!*
- Slang expressions – *Total gut drauf*
- The expression of attitudes – *Nichts darf ich; Mist!!!*
- The use of modal verbs – *können, müssen, wollen, sollen, dürfen*
- The use of *wenn* clauses with <u>verb, verb</u>, e.g. <u>Wenn</u> ich 18 <u>bin, werde</u> ich einfach tun, was ich will!

The entries should first be drafted. They may then be corrected, either by you or by other students. Final versions could be displayed or circulated for all members of the class to read.

ADVANCE MATERIALS: GUT LESEN, BESSER SCHREIBEN

UNIT 2:
Auszüge aus Peters Tagebuch

▶1 VORHERSAGEN

Peter ist 17 Jahre alt und wohnt bei seinen Eltern. Er schreibt jeden Tag in sein Tagebuch. Worüber wird er Ihrer Meinung nach schreiben? Arbeiten Sie zu zweit oder in einer kleinen Gruppe.

- Machen Sie eine Liste.

▶2 LESEN

Arbeiten Sie zu zweit.

- Lesen Sie den Text auf Seite 28 mindestens zweimal.
- Suchen Sie in einem Wörterbuch die Wörter und Ausdrücke, die Ihnen unbekannt sind, oder besprechen Sie den Sinn von unbekannten Wörtern mit Ihrem Partner/Ihrer Partnerin.
- Tragen Sie neue Wörter und Ausdrücke auf ein neues Vokabelblatt ein.

▶3 VERGLEICHEN

Vergleichen Sie nun Ihre Liste aus Aufgabe 1 mit dem Text.

- Was hatten Sie richtig vorhergesagt?
- Hat der Schreiber über Dinge geschrieben, an die Sie nicht gedacht hatten?

▶4 SUCHEN

Arbeiten Sie alleine.

- Suchen Sie im Text die Kurzsätze die dasselbe sagen, wie die Sätze 1–6.
- Schauen Sie sich dann die Sätze, die Sie aus dem Text heraus gesucht haben, noch einmal genau an. Was fehlt ihnen?

BEISPIEL

Ich werde nie wieder Alkohol trinken. → Im Text steht: *Nie wieder Alkohol!*

1 Gestern gab es eine Party bei Ferdi.
2 Nach zwei Bier war ich total gut drauf,…
3 Dann kam der totale Absturz.
4 Dann lag ich plötzlich auf dem Boden mit dem Kopf in der Kloschüssel.
5 Es gibt kein Gespräch und keinen Kompromiss!
6 Ich habe schon wieder Ärger mit den Alten.

ADVANCE MATERIALS: GUT LESEN, BESSER SCHREIBEN

Auszüge aus Peters Tagebuch

19. Januar

Gestern Party bei Ferdi. Oh Mann! Nach zwei Bier total gut drauf, dann habe ich angefangen, Wodka mit Orangensaft zu trinken… Totaler Absturz. Eben fühlte ich mich noch wie der coolste Typ auf der ganzen Party. Die Mädchen waren alle hinter mir her. Dann plötzlich auf dem Boden mit dem Kopf in der Kloschüssel. Mir geht's ja sooo schlecht! Nie wieder Alkohol!!!

10. Februar

Keiner versteht mich, besonders nicht meine Eltern! Kein Gespräch, kein Kompromiss! Sie behandeln mich wie ein Kind. Nichts darf ich – so'n Mist!!! Wenn ich mal meine eigene Meinung sage, herrscht nachher tagelang eisiges Schweigen. Trotzdem, alles geht vorbei, auch diesmal wird es in ein paar Tagen wieder o.k. sein. Aber das Problem, dass ich an den Wochenenden schon mal bei Freunden übernachten will… Alle anderen dürfen das, nur ich wieder nicht. Wenn ich 18 bin, werde ich einfach tun, was ich will!

7. März

Schon wieder Ärger mit den Alten! Diesmal, weil ich mir ein Tattoo habe stechen lassen. Wochenlang habe ich überlegt, soll ich oder soll ich nicht? Bei so was muss man sich sicher sein, weil es für immer ist. Und ja, ich war mir sicher und nein, ich bereue es nicht. Hat nicht mal weh getan. Ein schönes Motiv ist es auch, eine Rose – finde ich jedenfalls. Meine Eltern können es einfach nicht verstehen. Muss aber sagen, dass es immer einfacher wird, sich gegen sie zu stellen. Jeder Streit mit ihnen macht mich stärker. Und manchmal krieg' ich ja doch, was ich will.

15. Juni

Wow! In den Sommerferien werde ich zum ersten Mal ohne die Alten verreisen. Nach mehreren Diskussionen haben sie es tatsächlich erlaubt und geben mir sogar etwas Geld dafür. Ich habe zuerst gedacht, ich hätte nicht richtig gehört. Hätte nie gedacht, dass ich das darf. Wir werden zu dritt losziehen – Interrailtickets sind schon gekauft. Rucksack und Schlafsack habe ich im Katalog ausgesucht und bestellt. Wir wollen nach Frankreich, Spanien, Portugal und bis nach Marokko. Fantastisch! Die genaue Route müssen wir noch planen, aber es ist auch etwas abenteuerlicher, wenn wir einfach losziehen und sehen, was passieren wird. Nur zu Hause anrufen sollen wir mindestens alle drei Tage, damit die hier wissen, dass wir o.k. sind.

▶ 5 VERKÜRZEN

Arbeiten Sie alleine oder zu zweit.

- Schreiben Sie nun die folgenden Sätze ins Kurzformat um.

BEISPIEL

Ich bin um 2 Uhr morgens heimgekommen. → *2 Uhr morgens heimgekommen.*

1. Ich war auf einer Party bei Gertrud.
2. Ich habe zu viel Alkohol getrunken.
3. Ich hing mit dem Kopf in der Kloschüssel.
4. Ich hatte furchtbare Kopfschmerzen.
5. Ich konnte nichts essen.

▶ 6 FINDEN

Arbeiten Sie alleine.

- Suchen Sie im Text die umgangssprachlichen Äquivalente für die hier aufgelisteten Ausdrücke.

BEISPIEL

Meine Güte! → *Oh Mann!*

1. Dann war plötzlich alles schrecklich.
2. Ich musste mich plötzlich im Badezimmer erbrechen.
3. krank
4. … sprechen wir danach tagelang nicht miteinander.
5. … Probleme mit Vater und Mutter.
6. … soll ich es tun oder soll ich es nicht tun?
7. … so etwas…
8. … bekomme ich…
9. Wir werden zu dritt reisen.
10. … damit alle zu Hause wissen, dass es uns gut geht.

▶ 7 WIEDER VERWENDEN

Arbeiten Sie alleine oder zu zweit.

- Suchen Sie im Text nach den deutschen Übersetzungen für die Zeitausdrücke in der Tabelle.
- Welche drei dieser Zeitausdrücke weisen auf die Zukunft hin? Schreiben Sie diese Ausdrücke auf und produzieren Sie einen neuen Satz mit ihnen.

ADVANCE MATERIALS: GUT LESEN, BESSER SCHREIBEN

BEISPIEL

In ein paar Tagen werde ich nach London fahren.

yesterday	gestern
then	
now	
in a few days' time	
when	
this time	
for weeks	
in the summer holidays	
after several discussions	

▶8 UNTERSUCHEN

Arbeiten Sie alleine oder zu zweit.

- Lesen Sie Peters Tagebuch noch einmal durch. Diesmal brauchen Sie einen farbigen Stift oder einen Highlighter.
- Suchen Sie alle Modalverben (können, dürfen, wollen, sollen, müssen) im Text.

BEISPIEL

Aber das Problem, dass ich an den Wochenenden schon mal bei Freunden übernachten **will**...

▶9 ERGÄNZEN

Arbeiten Sie alleine.

- Füllen Sie die Lücken im Text mit den richtigen Modalverbformen aus dem Kasten aus. Benutzen Sie jedes Verb nur einmal.

will * kann * muss * darf * soll

Oh nein! Am Wochenende _____ ich meine Tante

besuchen. Das _____ ich aber gar nicht! Meine Eltern

sagen, dass ich mit ihnen kommen _____, weil ich so

lange nicht mehr dort war. Wie langweilig! Na, ich _____

vielleicht meinen Gameboy mitnehmen.

▶10 UMSCHREIBEN

Arbeiten Sie alleine oder zu zweit.

- Sehen Sie sich die beiden Sätze aus dem Text noch einmal an:

Wenn ich mal meine eigene Meinung **sage, herrscht** nachher tagelang eisiges Schweigen.

Wenn ich 18 **bin, werde** ich einfach tun, was ich will!

- Schreiben Sie fünf neue Sätze, die mit „wenn" beginnen.

1 **Wenn** ich 18 **bin**,...
2 **Wenn** ich mit der Schule fertig **bin**,...
3 **Wenn**...
4 **Wenn**...
5 **Wenn**...

▶11 BESPRECHEN

Arbeiten Sie zu zweit.

- Besprechen Sie, was Sie am vergangenen Wochenende gemacht haben und was Sie am kommenden Wochenende machen werden.
- Sagen Sie, wie Sie das finden.

1 Letztes Wochenende habe ich/bin ich...
2 Das war total gut/doof/interessant/langweilig/usw.,...
3 Nächstes Wochenende werde ich/muss ich/soll ich/kann ich...
4 Das ist bestimmt total gut/doof/interessant/langweilig/usw.,...

▶12 SCHREIBEN

Arbeiten Sie alleine.

- Schreiben Sie drei kurze Tagebucheinträge über interessante Begebenheiten in Ihrem Leben. Sie können die Wahrheit schreiben, oder Ihre Fantasie benutzen! Sie können auch so tun, als wären Sie jemand anderes, z.B. Bart Simpson, Buffy, David Beckham.
- Imitieren Sie den Stil in Peters Tagebucheintragungen.
- Vergessen Sie nicht, auch folgende Stilelemente zu benutzen:

Kurzsätze

Umgangssprache

Meinungswiedergabe

Modalverben

Wenn + verb, verb

ADVANCE MATERIALS: GUT LESEN, BESSER SCHREIBEN

Personal writing 33

UNIT 3: Der erste Schultag

UNIT FRAMEWORK

Outcome	Writing an autobiographical text
Writing skill	Time sequencing in a narrative over the course of several hours
Grammar/functional focus	Relative pronouns in nominative case; form and uses of the imperfect
Audience	Teenagers with similar experiences
Preliminary grammar revision	Present/perfect/future

TEXT FEATURES

This text is a piece of personal writing which narrates the events of an important day in the life of the writer. Features of texts of this type are as follows.

- Events: since these are in the distant past, they are narrated principally in the imperfect tense: *Wir sangen ein paar Lieder; Ich winkte zurück.*

- Indications of time which move the narrative on: **Zuerst** *ging es in die Kirche;* **Danach** *sagte der Direktor ein paar Worte des Willkommens.*

- Descriptions which serve to depict the setting: *Dann marschierten wir alle hinüber zum Schulhaus,* **das nicht weit entfernt war**; *Es hatte viele Bilder.*

- Impressions/opinions/reactions, often given in the imperfect tense: *Unser Klassenzimmer gefiel mir. Ich war im siebten Himmel.*

- The narrative is formally expressed using *gehobenere Sprache/oft Schriftsprache*. The more personal element is expressed by the use of language in a lower register, *Umgangssprache*, which lends a natural, everyday tone.

EINFÜHRUNG

Wir lesen heute einen Text, in dem eine junge Deutsche ihren ersten Schultag beschreibt. Das Schulsystem in Deutschland ist ganz anders als in England, nicht nur vom administrativen Standpunkt, sondern auch vom kulturellen. Der erste Schultag ist für ein deutsches Kind etwas Besonderes und Unvergessliches. Nachdem Sie den folgenden Text gelesen, bearbeitet and analysiert haben, werden Sie einen ähnlichen Text schreiben, indem Sie Ihren ersten Tag in der Schule oder im College beschreiben. Ihre Leser sind die neuen Schüler/innen für dieses Schuljahr.

Das Schulsystem ist in jedem Bundesland der BRD ein wenig anders. Die folgenden Punkte aber stimmen für die meisten Bundesländer. Sie könnten versuchen, ähnliche Informationen mit der Klasse vor Beginn der Unterrichtseinheit zusammen zu tragen. Ansonsten verwenden Sie diese Liste als Informationsblatt für Sie selbst.

- Mit 6 oder 7 Jahren kommt man in die Schule.

- Der erste Schultag ist für die Kinder der ersten Klasse immer am Anfang eines neuen Schuljahres, also im August/September.

- Am ersten Schultag bekommen die Kinder eine Schultüte, die mit Süßigkeiten und Geschenken gefüllt ist.

ADVANCE MATERIALS: GUT LESEN, BESSER SCHREIBEN

- Man geht vier Jahre lang in die Grundschule.
- In Deutschland trägt man keine Schuluniform.
- Die Schule fängt morgens sehr früh an – zwischen 7 und 8 Uhr!
- Ferien gibt es in jedem Bundesland anders, aber ungefähr so: Herbstferien im Oktober (ein oder zwei Wochen)/Weihnachtsferien (ein oder zwei Wochen)/Winterferien im Februar (drei Tage bis zu einer Woche)/Osterferien (zwei oder drei Wochen)/Sommerferien (sechs Wochen).
- In den meisten Bundesländern gibt es das dreigliedrige Schulsystem: Hauptschule (*Secondary Modern School*); Realschule (*Secondary Technical School*); Gymnasium (*Grammar School*).
- In manchen Bundesländern gibt es auch Gesamtschulen (*Comprehensive Schools*), aber sie sind nicht der „normale" Schultyp, wie in England.
- Es gibt viele Sonderschulen in Deutschland (*Special schools for childen and young people with special educational needs*).
- Es gibt keine Trimester, sondern Halbjahre. Das erste Halbjahr dauert vom Anfang des Schuljahres im August/September bis Ende Januar und das zweite Halbjahr von Ende Januar bis zu den Sommerferien.
- Es gibt zweimal Zeugnisse: das Zwischenzeugnis Ende Januar und das Endzeugnis am letzten Schultag vor den Sommerferien.
- Die beste Note ist eine 1 = sehr gut. Danach kommen 2 = gut; 3 = befriedigend; 4 = ausreichend; 5 = mangelhaft (fail); 6 = ungenügend (double fail).
- Wenn man im Endzeugnis in zwei Fächern eine 5 oder in einem Fach eine 6 hat, muss man nach den Sommerferien eine Nachprüfung machen. Wenn die Note auf 4 verbessert werden kann, ist es o.k., sonst bleibt man sitzen.
- „Sitzen bleiben" bedeutet, dass man ein Jahr wiederholen muss.
- Die Klasse 10 ist sehr wichtig für deutsche Schüler, weil das Endzeugnis das Abschlusszeugnis für die Mittelstufe ist: Hauptschule → Hauptschulabschluss oder Mittlere Reife; Realschule → Mittlere Reife; Gymnasium → Mittlere Reife.
- Wenn man ein gutes Mittlere-Reife-Zeugnis hat, kann man in die Oberstufe gehen, um das Abitur zu machen.
- Die Mittlere Reife ist ungefähr so wie GCSE in England.
- Wenn man das Abitur nicht machen möchte oder kann, macht man mit dem Hauptschulabschluss oder der Mittleren Reife eine Berufsausbildung und geht auf die Berufsschule. Man kann so zum Beispiel Mechaniker, Friseur, Bäcker usw. werden. Manche Jugendliche gehen auf die Fachoberschule, um bessere Qualifikationen zu bekommen. Die Fachoberschulreife ist ungefähr so wie AS level in England.
- In der Oberstufe muss man Mathe, Deutsch, Sport, eine Fremdsprache (Englisch/Französisch/Latein), eine Naturwissenschaft (Biologie/Chemie/Physik), eine Gesellschaftswissenschaft (Geschichte/Erdkunde/Politik/Sozialkunde/Religion) und Kunst oder Musik machen. Die restlichen Fächer darf man wählen.
- In der Oberstufe gibt es Punkte, keine Noten: 15 Punkte = 1+/14 Punkte = 1/13 Punkte = 1- usw.
- In der Oberstufe bekommt man Punkte für Klausuren (*written exams*) und „Sonstige Mitarbeit" (*oral participation, homework assignments, oral presentations in class etc.*).
- In der Oberstufe hat man zwei Leistungskurse und zwei Grundkurse, die man als Abiturfächer wählt. Wenn man Deutsch oder Mathe **nicht** gewählt hat, muss man diese Fächer auch bis zum Abitur weitermachen.

ADVANCE MATERIALS: GUT LESEN, BESSER SCHREIBEN

- Mit 18/19 Jahren geht man dann auf die Universität, wenn man das Abitur mit einer guten Note bestanden hat.
- In Deutschland sind nicht individuelle Abiturnoten wichtig, wie in England *(e.g. AAA if you want to get into Oxbridge)*, sondern die Durchschnittsnote *(the average grade)*.

▶1 VORHERSAGEN

Aim: to prepare students for the reading comprehension by encouraging them to use their knowledge of the world to predict what vocabulary might come up in the text.

Students predict the sort of words that could come up in a text on this topic. In addition to the more concrete aspects such as people and buildings, you could ask students to think about some of the adjectives and verbs that relate to the feelings experienced in such a situation.

You could build up a list on the white board, OHP or on an IAWB. The following might be included and others can be added as appropriate:

Nomen	Adjektive	Verben
der Lehrer/die Lehrerin	aufgeregt	hoffen
der Freund/die Freundin	fürchterlich	ankommen
das Gebäude	angsterfüllt	sich fürchten
der Schulbus	erleichtert	sich aufregen
das Klassenzimmer	interessiert	staunen
der Flur	groß	gehen
der Schulhof	unerwartet	heimkommen

You could use the whiteboard, an OHP or the IAWB to build up a combined list from all the students' suggestions. While many of their words will not appear in the text, the exercise is an invaluable way of exchanging and learning vocabulary.

▶2 LESEN

Students should read the text at least twice. They should discuss possible meanings of unknown words using the context to help them, before using reference material such as a dictionary or glossaries. All suggestions could be written on a whiteboard or IAWB. Students should then enter new words and expressions on a new vocabulary sheet (see page 199) under the headings below. Alternatively, you could print a cumulative version of their suggestions from the IAWB.

Textart: Persönliches Schreiben

Titel: Mein erster Schultag

▶3 VERGLEICHEN

Aim: to focus students' attention on the vocabulary which did come up in the article and to compare this with their own predictions.

Students now compare the list that they compiled in Exercise 1 with the vocabulary mentioned in the text. If you have an electronic version of the original list you could print copies for your students to use as a checklist and to which they could add further information. Alternatively, they can work with the lists they compiled in pairs.

▶ 4 ORDNEN

Aim: to give students practice in using theme-related vocabulary to assist them in ordering a summary of the text.

Students read the sentences of the exercise. They put them in the right order according to the original text.

ANSWER

1b, 2e, 3a, 4g, 5h, 6d, 7f, 8c

In order to get students thinking about the structure of the text, you could ask them to summarise each of the sentences in one or two words, e.g. b) *Einführung, Freunde*; e) *Aufregung, Kleider*, etc. This work will be important when they come to organise their own texts in Exercise 10.

▶ 5 ZUORDNEN

Aim: to encourage students to use their deductive skills to recognise pairs of sentences in which the meaning is the same but the register is different.

Students find the equivalents in the main text (i.e. Exercise 2). As indicated under Text Features, the text contains a mixture of *gehobenere Sprache/oft Schriftsprache* and *Umgangssprache*, and students find the equivalent register as appropriate.

ANSWER

Umgangssprache	gehobenere Sprache/oft Schriftsprache
Wir wollten morgens zusammen in die Schule gehen.	Wir freuten uns auf den gemeinsamen Schulweg.
Zuerst ging es in die Kirche.	Als Erstes besuchten wir die Kirche.
Mein Vater, meine Mutter und meine Geschwister waren alle da.	Auch meine Familie war vollzählig.
Die Kirche dauerte nicht lange.	Der Gottesdienst war kurz.
ging es los	fing es an

▶ 6 SUCHEN

Aim: to teach students more about idiomatic usage.

Students now look for five idiomatic expressions in the text. Point out that idioms like this are more common in informal registers than in more formal ones. You could also point out that an idiom is an expression whose meaning is not what the words literally say. There is an implied comparison between the words in the idiom and the meaning that it is used to convey.

ANSWER

1 We all looked spick and span. → *Wir sahen alle aus wie aus dem Ei gepellt.*

2 We were all ears. → *Wir spitzten die Ohren.*

ADVANCE MATERIALS: GUT LESEN, BESSER SCHREIBEN

3   I kept my fingers crossed. → *Ich drückte die Daumen.*
4   I was on cloud nine. → *Ich war im siebten Himmel.*
5   I was beside myself with joy. → *Ich war vor Freude ganz aus dem Häuschen.*

▶ 7 SUCHEN

Aim: to teach students more about the form and uses of the imperfect tense.

Students work in pairs to find examples of the imperfect tense. Point out the following.

- The imperfect is rather formal and is therefore used in written texts rather than spoken ones.
- Weak verbs form the imperfect by taking the stem of the verb (the infinitive less *-en*) and adding the endings *-te, -test, -te, -ten, -tet, -ten*. You could draw parallels with English weak verbs which work in a similar manner, e.g. walk → walked, listen → listened.
- Strong verbs are those that do not follow this pattern. They change the vowel and, in some cases, other sounds. Examples are *gehen* → *ging*, *lesen* → *las*. You could draw parallels with English strong verbs with their changed vowels, e.g. sing → sang, drink → drank (not 'drunk', which is the past participle)
- Strong verbs sometimes undergo suppletion, that is, they change their form completely. Examples for this in English include to be → was, were and go → went, in German *sein* → *war*.
- Some verbs are irregular in the present tense, e.g. *haben*, but follow a regular pattern in the imperfect, based on a special form for the first person, e.g. *haben* → *ich hatte*. Once the *ich* form is established, the pattern of endings is perfectly predictable.

You could differentiate this exercise by asking weaker students to search only for the weak verbs, while stronger students seek both weak and strong verbs. The weaker students add the strong forms when this is discussed in class.

All students could also identify the **infinitive** for each imperfect form. This could be done as homework task.

ANSWER

-te und -ten	Infinitiv	andere	Infinitiv
konnte	können	kam	kommen
freute, freuten	freuen	war, waren	sein
sollte	sollen	ging	gehen
planten	planen	standen… auf	aufstehen
frühstückten	frühstücken	trug	tragen
hatten, hatte	haben	sahen… aus	aussehen
durfte	dürfen	sangen	singen
dauerte	dauern	las… vor	vorlesen
marschierten	marschieren	gefiel	gefallen
warteten	warten	rief… auf	aufrufen
winkte	winken	gefiel	gefallen
winkte zurück	zurückwinken	stand, standen	stehen

ADVANCE MATERIALS: GUT LESEN, BESSER SCHREIBEN

sagte	sagen	fand	finden
stellte… vor	vorstellen		
lächelte	lächeln		
hoffte	hoffen		
spitzten	spitzen		
mussten	müssen		
drückte	drücken		
zeigte	zeigen		
kannte	kennen		
teilte	teilen		

▶8 ERGÄNZEN

Aim: to increase students' knowledge of the structure and role of relative clauses.

Relative clauses add further information and description to nouns mentioned. In all the sentences given here, the relative pronoun is in the nominative case. Before asking students to complete the following exercise, you could ask them to identify any nouns (proper or common) in the text that are immediately followed by a comma and the words *der*, *die* or *das*. Point out that these words introduce a relative clause which is sandwiched between the subject and its verb, thus adding further information about the subject.

ANSWER

1 **Die** Schultüte (*f*), **die** sehr schwer war, habe ich selbst getragen.
2 **Der** Pastor (*m*), **der** sehr nett war, hat ein Gedicht vorgelesen.
3 **Die** Großeltern (*pl*), **die** nachmittags kamen, haben auch Kuchen gegessen.
4 **Der** Kuchen (*m*), **der** nachmittags auf dem Tisch stand, war sehr lecker.
5 **Die** Tische und Stühle, **die** in Reihen standen, waren ordentlich.
6 Meine Eltern, **die** mir ein goldenes Armband schenkten, waren sehr stolz auf mich.
7 Unser Direktor, **der** uns ein paar Worte des Willkommens sagte, war sehr nett.
8 Mein Klassenzimmer, **das** viele Bilder an den Wänden hatte, gefiel mir sehr gut.

TRANSLATIONS

9 **Das** Klassenzimmer, **das** sehr groß war, hatte viele Bilder an den Wänden.
10 **Die** Tische und Stühle, **die** in unserem Klassenzimmer standen, waren ziemlich klein.

SUGGESTED ANSWER

11 Das Armband, das schön war, war auch sehr teuer.
12 Die Geschichte, die mich sehr interessierte, war ganz lustig
13 Meine Geschwister, die noch klein waren, gingen noch nicht in die Schule.

ADVANCE MATERIALS: GUT LESEN, BESSER SCHREIBEN

▶9 BESCHREIBEN

Aim: to give students practice both in building up a variety of structures and in structuring their work.

Students work in pairs. They use the table given to prompt them to create new sentences relating to their first day at school. The writing frames give them a variety of structures to use. Remind them that adjectives standing in predicative position (after *sein, finden*) do not require any agreement.

Once these mini-descriptions have been completed, you could do a number of things.

1. You read each one aloud, and the students identify the writers.
2. Students read a description by another pair and edit it for accuracy.
3. Students read another pair's decription and compare it with their own, e.g. *Für Kelly war der erste Tag schrecklich. Ich habe ihn ganz anders gefunden. Für mich war er ganz aufregend… .*

POSSIBLE ANSWER

Für mich war der erste Tag einfach prima. Ich habe viele neue Leute gesehen und ich fand die anderen Schüler total nett. Ich fand das Schulgebäude merkwürdig. Es war modern und gefängnisähnlich. Das Klassenzimmer, das wir hatten, war zu klein. Meine schönste Erinnerung ist, wie ich meine Freundin Becky kennen gelernt habe.

▶10 NOTIEREN

Aim: to get students to organise their thoughts using an organisational schema such as a spider diagram or mind-map.

Working alone, students brainstorm and organise ideas for an article on *Mein erster Schultag* for a school newspaper or magazine. The article is to be read by incoming pupils or students, and may relate to the first day at infant school, junior school, secondary school or college. Each student should do their own outline in preparation for Exercise 11, but they should be allowed to help each other out.

A spider diagram or mind-map are useful ways of organising thoughts. An example is provided for the students. To get students thinking, you could photocopy this onto an OHT and project it for them. Students add other ideas, vocabulary and expressions.

Once this has been done, thought must be given to the order in which the ideas are to be used. Refer students back to Exercise 4, and review the structure of the text. Do they want to use a similar structure? Would they like to organise the text in a different way, perhaps looking back from the end of the first day.

▶11 SCHREIBEN

Aim: to get students to write a narrative, using points of grammar and style that they have studied.

Students write up their account, using Exercise 10 to guide them. They should write between 150 and 200 words, using:

- the imperfect tense
- relative pronouns
- adjectives.

ADVANCE MATERIALS: GUT LESEN, BESSER SCHREIBEN

▶12 BEARBEITEN

Aim: to get students to use their knowledge of language and texts to improve each other's work.

Once the first draft is completed, the editing process could be undertaken as suggested in the students' notes with students correcting each other's work, by an editorial team or by you.

See page 106 or 113 for a list of phrases they can use to mention points they liked about another group's work and to make suggestions for improvements.

▶13 FERTIG STELLEN

Aim: to get students to produce their final draft.

The drafts should be rewritten with corrections. This could be done at home. Students then give some attention to the presentation. The questions in the students' section will help them to make their decisions.

ADVANCE MATERIALS: GUT LESEN, BESSER SCHREIBEN

UNIT 3: Der erste Schultag

▶1 VORHERSAGEN

Sie werden einen Text über den ersten Schultag einer deutschen Schülerin lesen. Der erste Tag ist in Deutschland ganz anders als in England und ist für uns daher vom kulturellen Standpunkt sehr interessant. Arbeiten Sie zu zweit und machen Sie eine Liste von Wörtern, die vielleicht im Text stehen könnten.

BEISPIEL

Nomen	Adjektive	Verben
der Lehrer/die Lehrerin	aufgeregt	hoffen

▶2 LESEN

Arbeiten Sie zu zweit.

- Lesen Sie den folgenden Text mindestens zweimal.
- Suchen Sie in einem Wörterbuch die Wörter und Ausdrücke, die Ihnen unbekannt sind, oder besprechen Sie den Sinn von unbekannten Wörtern mit Ihrem Partner/Ihrer Partnerin.
- Tragen Sie diese Wörter und Ausdrücke auf ein neues Vokabelblatt ein.

MEIN ERSTER SCHULTAG

Mit sechs Jahren kam ich endlich in die Schule. Ich konnte es kaum erwarten! Meine beste Freundin Inga war ein Jahr älter als ich und ging nun in die zweite Klasse. Inga freute sich auch, dass ich jetzt in dieselbe Schule kommen sollte. Wir freuten uns auf den gemeinsamen Schulweg und planten, uns in den Pausen zu treffen, denn ich war natürlich nicht in ihrer Klasse.

Als der lang ersehnte Tag endlich da war, standen wir alle, Mutter, Vater und meine zwei kleinen Geschwister, um sieben Uhr auf. Wir frühstückten, wie immer, aber ich konnte keinen Bissen herunterbringen, weil ich so aufgeregt war. Ich trug mein bestes Kleid und auch meine Schwester und mein Bruder hatten ihre besten Sachen an. Wir sahen alle aus wie aus dem Ei gepellt.

Zuerst ging es in die Kirche. Ich durfte meine Schultüte tragen und war sehr stolz auf meine neue Schultasche. Die Schultüte war ziemlich schwer und ich war neugierig, was wohl darinnen war. Die Kirche war ganz voll. Viele Väter hatten sich einen Tag Urlaub genommen, um mit ihren Kindern den ersten Schultag feiern zu können. Auch meine Familie war vollzählig und für den Nachmittag hatte meine Mutter auch die Großeltern und Paten zu Kaffee und Kuchen eingeladen.

Die Kirche dauerte nicht lange. Wir sangen ein paar Lieder, die wir im Kindergarten gelernt hatten und der Pastor las ein Gedicht vor. Dann marschierten wir alle hinüber zum Schulhaus, das nicht weit entfernt war. Dort warteten schon alle Lehrer und die Kinder aus der zweiten Klasse auf uns. Inga war ganz aufgeregt und winkte mir zu. Ich winkte zurück. Inga und die anderen Kinder aus der zweiten Klasse hatten Lieder und ein kurzes Theaterstück vorbereitet. Als wir uns alle in der Aula hingesetzt hatten, ging es los.

Danach sagte der Direktor ein paar Worte des Willkommens und stellte dann alle Klassenlehrer vor. Frau Wendels gefiel mir am besten, sie hatte einen langen blonden Pferdeschwanz und lustige Augen. Sie lächelte die ganze Zeit. Ich hoffte sehr, in Frau Wendels Klasse zu kommen. Der Direktor rief nun alle Kinder mit Namen auf. Wir spitzten die Ohren. Wir mussten zu zweit hinter unserem Klassenlehrer stehen. Ich drückte die Daumen und – tatsächlich, ich sollte mich hinter Frau Wendels stellen. Ich war sehr glücklich! Wir mussten die Schultüten unseren Müttern geben, bis wir wieder aus den Klassenzimmern zurück waren.

Unser Klassenzimmer gefiel mir. Es hatte viele Bilder an den Wänden und auf dem Pult stand eine große Vase mit bunten Sommerblumen. Ich war im siebten Himmel! Frau Wendels zeigte uns, wo unsere Plätze waren. Die Tische und Stühle standen in Reihen, immer sechs Kinder in einer Reihe. In meiner Klasse waren 24 Kinder und ich kannte einige schon aus dem Kindergarten.

Als wir uns alle hingesetzt hatten, las Frau Wendels uns eine Geschichte vor. Dann sangen wir noch ein Lied und für unsere erste Hausaufgabe mussten wir ein Bild zu der Geschichte malen. Der erste Schultag war schon zu Ende. Von da an hatten wir jeden Tag immer vier Stunden, von 8 Uhr bis 12 Uhr.

Endlich waren wir wieder zu Hause und ich durfte meine Schultüte auspacken. Ich fand Süßigkeiten, Obst und als besonderes Geschenk ein goldenes Armband mit meinem Namen. Ich war vor Freude ganz aus dem Häuschen! Die Süßigkeiten und das Obst teilte ich mit meinen Geschwistern, aber das schöne Armband war nur für mich.

▶ 3 VERGLEICHEN

Arbeiten Sie mit den Leuten, mit denen Sie auch Aufgabe 1 gemacht haben.

- Vergleichen Sie nun Ihre Liste aus Aufgabe 1 mit dem Text.
- Kreuzen Sie die Wörter an, die auch im Text stehen.

▶ 4 ORDNEN

Arbeiten Sie alleine oder zu zweit.

- Bringen Sie die folgenden allgemeinen Informationen in die Reihenfolge, in der sie im Text vorkommen.

BEISPIEL

1b, 2...

a Bevor man am ersten Schultag in die Schule geht, versammeln sich die Kinder mit ihren Eltern in der Kirche. Die Schultüte nehmen sie mit.

b Die meisten Kinder freuen sich, wenn sie in die Schule kommen. Oft haben sie Freunde, die schon zur Schule gehen.

c Süßigkeiten aus der Schultüte teilt man vielleicht mit den Geschwistern, aber wichtige Geschenke behält man nur für sich.

d Die Klassenzimmer für Kinder im ersten Schuljahr sind oft bunt. Meistens kennen sich einige Kinder schon aus dem Kindergarten.

ADVANCE MATERIALS: GUT LESEN, BESSER SCHREIBEN

e   Am ersten Schultag sind viele Kinder zu aufgeregt, um ihr Frühstück zu essen. Man zieht sich gute Kleider an, weil es ein besonderer Tag ist.

f   Am ersten Schultag liest die Lehrerin oder der Lehrer häufig eine Geschichte vor und man bekommt eine kleine Hausaufgabe, z.B. man muss ein Bild malen.

g   Von der Kirche geht oder fährt man dann in die Schule, wo die Lehrer und die Kinder aus anderen Klassen warten.

h   Der Direktor sagt den Kindern, wer ihr Klassenlehrer oder ihre Klassenlehrerin ist. Dann gehen alle zum ersten Mal in ihre Klassen.

▶ 5 ZUORDNEN

Arbeiten Sie alleine.

- Finden Sie die passenden Ausdrücke im Text und füllen Sie die Tabelle aus.

BEISPIEL

Als ich 6 Jahre alt war… – Mit sechs Jahren…

Umgangssprache	gehobenere Sprache/oft Schriftsprache
Wir wollten morgens zusammen in die Schule gehen.	
	Als Erstes besuchten wir die Kirche.
Mein Vater, meine Mutter und meine Geschwister waren alle da.	
	Der Gottesdienst war kurz.
	fing es an

▶ 6 SUCHEN

Arbeiten Sie alleine oder zu zweit.

- Suchen Sie im Text die deutschen Äquivalente der folgenden idiomatischen Ausdrücke.

BEISPIEL

I could hardly wait. → *Ich konnte es kaum erwarten.*

1   We all looked spick and span.
2   We were all ears.
3   I kept my fingers crossed.
4   I was on cloud nine.
5   I was beside myself with joy.

ADVANCE MATERIALS: GUT LESEN, BESSER SCHREIBEN

▶7 SUCHEN

Arbeiten Sie zu zweit.

- Suchen Sie alle Verben im Imperfekt, die mit *-te* oder *-ten* enden und tragen Sie sie in die Tabelle ein.

BEISPIEL

konnte, freute, freuten

NB „beste" ist **kein** Verb, sondern ein superlatives Adjektiv.

- Wenn Sie damit fertig sind, suchen Sie nach den anderen Imperfekten, d.h. den unregelmäßigen Formen, die nicht mit *-te*, *-ten* enden.
- Als Letztes überlegen Sie sich die dazu gehörigen Infinitive und tragen diese in die Tabelle ein.

BEISPIEL

kam, war

-te und -ten	Infinitiv	andere	Infinitiv
konnte	können	kam	kommen
freute, freuten	freuen	war	

▶8 ERGÄNZEN

Arbeiten Sie zu zweit.

- Ergänzen Sie die folgenden Sätze mit den passenden Relativpronomen: der, die oder das. Im Text finden Sie: Dann marschierten wir alle hinüber zum Schulhaus, das nicht weit entfernt war.
- Übersetzen Sie dann die englischen Sätze ins Deutsche.
- Am Schluss finden Sie drei unfertige Sätze, die Sie so zu Ende schreiben müssen, dass sie grammatikalisch richtig sind.

BEISPIEL

Der Pastor (*m*), **der** ein Gedicht vorlas, war ziemlich jung.

Die Lehrerin (*f*), **die**...

Das Klassenzimmer (*n*), **das**...

Die Kinder (*pl*), **die** ...

1 _____ Schultüte (*f*), _____ sehr schwer war, habe ich selbst getragen.

2 _____ Pastor (*m*), _____ sehr nett war, hat ein Gedicht vorgelesen.

3 _____ Großeltern (*pl*), _____ nachmittags kamen, haben auch Kuchen gegessen.

4 _____ Kuchen (*m*), _____ nachmittags auf dem Tisch stand, war sehr lecker.

5 _____ Tische und Stühle, _____ in Reihen standen, waren ordentlich.

6 Meine Eltern, _____ mir ein goldenes Armband schenkten, waren sehr stolz auf mich.

7 Unser Direktor, _____ uns ein paar Worte des Willkommens sagte, war sehr nett.

8 Mein Klassenzimmer, _____ viele Bilder an den Wänden hatte, gefiel mir sehr gut.

9 *The classroom, which was big, had lots of pictures on the walls.*

10 *The tables and chairs, which stood in our classroom, were quite small.*

11 Das Armband, _____

12 Die Geschichte, _____

13 Meine Geschwister, _____

ADVANCE MATERIALS: GUT LESEN, BESSER SCHREIBEN

▶9 BESCHREIBEN

Arbeiten Sie zu zweit.

- Besprechen Sie den ersten Tag in der weiterführenden Schule (*secondary school*) oder am College.
- Benutzen Sie die folgenden Wörter und Ausdrücke. Für Aufgaben 10 und 11 werden sie auch nützlich sein.

Für mich war der erste Tag…	Schrecklich/schön/prima…
Ich habe… gesehen.	viele Leute/Schüler/neue Klassenzimmer…
Ich fand die Lehrer/die Schüler…	streng/stink langweilig/gesellig/faszinierend/ unterhaltsam/wunderbar/merkwürdig…
Das Schulgebäude war…	groß/klein/fremd/modern/altmodisch/überheizt/ gemütlich/gefängnisähnlich
Das Klassenzimmer, das wir hatten, war…	zu groß/zu klein/langweilig/toll/gerade richtig…
Meine schönste Erinnerung ist…	…

▶10 NOTIEREN

Arbeiten Sie alleine.

- Als Vorbereitung für Aufgabe 11, notieren Sie Ideen und Erinnerungen zu Ihrem ersten Schultag – entweder an der Grundschule, der weiterführenden Schule oder am College.
- Benutzen Sie die Tabelle oben und Ihre eigenen Ideen, um die Notizen über Ihren ersten Schultag zu schreiben.

BEISPIEL

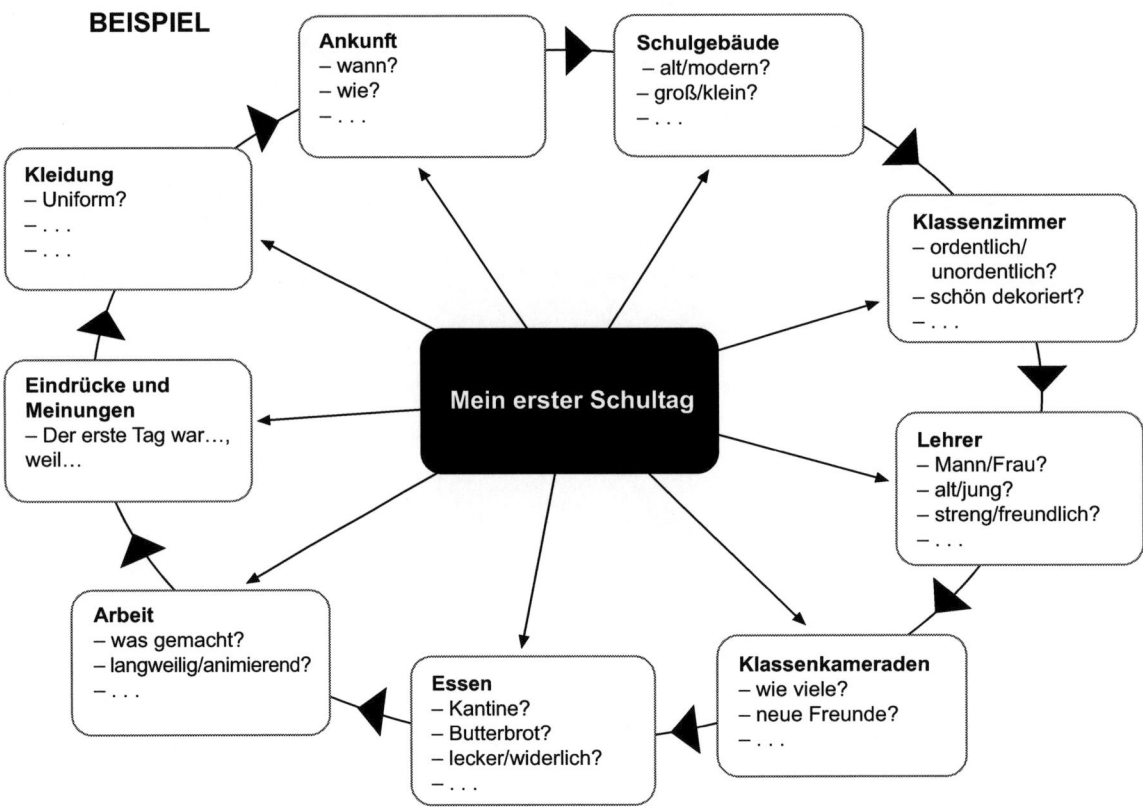

▶11 SCHREIBEN

Arbeiten Sie alleine.

- Schreiben Sie Ihren Artikel für die Schülerzeitung.

- Benutzen Sie Ihre Notizen aus Aufgabe 10. Schreiben Sie mindestens 150–200 Wörter.

- Benutzen Sie auch folgende Strukturen:

Imperfekt

Relativpronomen

Adjektive

▶12 BEARBEITEN

Wenn Sie die erste Version Ihres Artikels geschrieben haben, soll sie verbessert werden. Drucken Sie den Artikel aus und tauschen Sie ihn mit einem Partner/einer Partnerin.

- Korrigieren Sie den Text und machen Sie positive und konstruktive Verbesserungsvorschläge.

- Wenn Sie mit den Korrekturen fertig sind, werden die Artikel umgeschrieben.

▶13 FERTIG STELLEN

Arbeiten Sie jetzt alleine.

- Wenn Sie mit den Korrekturen fertig sind, schreiben Sie ihren Artikel um. Benutzen Sie die Vorschläge Ihres Partners/Ihrer Partnerin und verbessern Sie Ihren Fehler.

- Sie müssen auch entscheiden, wie Ihr Artikel präsentiert werden soll. Denken Sie zuerst über die folgenden Fragen nach.

1. Ist die Schülerzeitung auf Papier gedruckt, oder online?
2. Wie groß soll die Schrift sein?
3. Können Bilder integriert werden? Können Fotos eingescannt werden?
4. Wie kann der Artikel noch attraktiv gemacht werden?
5. Soll der Artikel als Block geschrieben werden, oder in Spalten? (Spalten sind einfacher zu lesen.)

- Arbeiten Sie nun an der attraktiven Präsentation Ihres Artikels.

ADVANCE MATERIALS: GUT LESEN, BESSER SCHREIBEN

UNIT 4:
Briefkastentante/Briefkastenonkel

UNIT FRAMEWORK

Outcome	Writing an agony aunt letter, and replying to one that others have written
Writing skill	Explaining a problem Writing a solution
Grammar/functional focus	Comparatives; the conditional
Audience	Teenagers with similar problems
Preliminary grammar revision	Perfect and imperfect tenses; imperatives; use of *um... zu...* to express purpose

TEXT FEATURES

The organisational structure of an agony aunt letter often follows a set pattern, which is as follows.

- A question (optional).
- A brief outline of the problem.
- A recount of the incident which caused the problem.
- A question.
- A comment about the writer's feelings.

The grammatical points connected with each point of the letter are typically as follows.

- Modal forms.
- Verbs in the perfect and imperfect; temporal links (e.g. *dann; eine Stunde später*).
- Question forms.
- Present tense verbs, possibly reflexive (e.g. *Ich fühle mich so traurig!*).

EINFÜHRUNG

Sie lesen heute einen Kummerkastenbrief von einem Mädchen. Untersuchen Sie zuerst den Brief, um herauszufinden, wovon er handelt. Dann sollen Sie versuchen eine Lösung für das Problem zu finden. Später werden Sie Ihr eigenes Problem in einem Kummerkastenbrief formulieren und andere Schüler werden eine Antwort dazu schreiben.

▶1 VORHERSAGEN

Aim: to prepare students for the reading comprehension by encouraging them to use their knowledge of the world to predict the possible content of an agony aunt letter.

Students discuss the possible content of an agony aunt letter and predict topics. You could build up a list together on the white board, on an OHP or on an IAWB. The following topics might be suggested and others can be added as appropriate.

Personal writing

- Pickel
- Einsamkeit
- Freunde und Freundinnen
- Partys
- Schikanieren/Mobbing
- Reisen
- Alkohol und Drogen
- Sexuelle Abenteuer
- Eifersucht
- Homosexualität
- Schule/Kollege/Universität
- Pläne für die Zukunft

▶ 2 LESEN

Students should read the text at least twice. They should discuss possible meanings of unknown words using the context to help them, before using reference material such as a dictionary or glossaries. All suggestions could be written on a whiteboard or IAWB. Students should then enter new words and expressions on a new vocabulary sheet (see page 199) under the headings below. Alternatively, you could print a cumulative version of their suggestions from the IAWB.

Textart: Persönliches Schreiben

Titel: Mein Freund ist eifersüchtig

▶ 3 VERGLEICHEN

Aim: to focus students' attention on the vocabulary which did come up in the article and to compare this with their own predictions.

Students now compare the list they compiled in Exercise 1 with the vocabulary mentioned in the text. They tick any words and expressions that they correctly predicted. If you have an electronic version of the original list you could print copies for your students to use as a checklist and to which they could add further information. They could also examine the unticked words and expressions to work out why these words did not appear in the present text (e.g. wrong topic, writer less worried, boy writing rather than girl, etc.).

▶ 4 ZUORDNEN

Aim: to teach students some of the idiomatic uses of adverbs in German.

Students find the German expressions corresponding to the English and enter them in the table.

ANSWER

I *simply* don't understand...	Ich verstehe einfach nicht...
There is *just* no reason...	Es gibt doch gar keinen Grund...
... something *must* have happened!	... da ist doch was passiert!
Actually I had hoped...	Ich hatte eigentlich gehofft...
What *on earth* can I do?	Was kann ich nur tun?

Students could then examine the words written in italics in the above exercise and underline the German equivalents. Point out to them that little words such as *doch* and *gar* are very frequent in German and may be slipped into sentences in German where no such filler exists in English.

ADVANCE MATERIALS: GUT LESEN, BESSER SCHREIBEN

▶5 FINDEN

Aim: to encourage students to use their awareness of grammatical form to identify comparatives.

Students find the comparative forms of the adjectives given in the text.

Point out that the normal way of constructing a comparative is to add -*er*, just as in English (e.g. small, smaller). In some cases an umlaut has to be added where there is an 'a', 'u' or an 'o' (*lang, länger*). *Besser* is an irregular form.

ANSWER

lang → länger

eifersüchtig → eifersüchtiger

gut → besser

schlimm → schlimmer

groß → größer

▶6 ÜBEN

Aim: to get students to use their acquired grammatical awareness to complete sentences.

Students complete the given sentences using the comparative form of the adjective.

ANSWER

1. Dieses Problem ist **unwichtiger** als Probleme mit den Eltern.
2. Für Mädchen sind die Beziehungen zu Freundinnen **einfacher** als zu Jungen.
3. Uschis Freund ist **netter** als Henriettes.
4. Mein Freund ist **älter** als ich.
5. Dieser Brief ist **kürzer** als ich erwartet habe.

▶7 REAGIEREN

Aim: to encourage students to verbalise their feelings with regard to the letter.

Students discuss their reactions to the letter. You might prompt discussion with questions such as the following.

Wie finden Sie das Mädchen?

Wie finden Sie das Benehmen des Jungen?

Warum benimmt er sich so?

Ist es normal so eifersüchtig zu sein?

Students can use the expressions given, or you may wish to add others.

Ich finde diesen Brief… [doof/traurig/unsinnig/verwirrend].

Das Mädchen ist… [ängstlich/verwirrt/wütend], weil…

Der Junge ist… [sauer/idiotisch/intolerant], denn…

Ein Handy kann… [nützlich/unnützlich/ein Problem] sein, wenn…

ADVANCE MATERIALS: GUT LESEN, BESSER SCHREIBEN

Personal writing

▶ 8 BESPRECHEN

Aim: to focus students' attention on a new problem and use their textual knowledge to formulate its expression in a letter.

Because advice is often given in the imperative form (and in teenage magazines the *du* form predominates) it would be useful at this point to revise imperatives, paying particular attention to *Sei.../Seid.../Seien Sie....* Before doing so, ask the students to work out for themselves why it is important that they know this construction in the context of an agony aunt/uncle column.

Students now discuss one problem. This could be one of their own, or could be chosen from the list in the student worksheets.

Ein Teenager muss eine Zahnspange tragen.

Ein Teenager darf nicht in die Disko gehen, weil die Eltern zu streng sind.

Ein Teenager will mit einem ausländischen Jugendlichen ins Kino gehen. Die deutschen Eltern sind dagegen.

Ein Teenager wird in der Schule regelmäßig von älteren Schülern verprügelt.

Ein Teenager denkt, dass er/sie zu dick ist und möchte eine Diät machen. Die Mutter ist dagegen.

Ein Teenager bekommt kein Taschengeld, weil seine Eltern arm sind.

Ein Teenager will sich tätowieren lassen, aber die Eltern sind dagegen.

Ein Teenager will ein Motorrad kaufen. Die Eltern haben Angst.

▶ 9 SCHREIBEN

Aim: to help students use the knowledge gained from their discussion and their textual knowledge to formulate a letter on the new topic.

Students now work alone and compose their own individual letter. Before they begin, you could re-examine the original text and point out grammatical points which they could concentrate on, including the following.

- Question forms which require information as answer, rather than Yes/No answers, e.g. *Wie kann ich...?*
- The correct forms of the perfect in the narrative section, e.g. *Ich habe ihn angerufen; Er ist sehr spät angekommen.*
- Reflexive forms, e.g. *Ich fühle mich...*

▶ 10 LESEN

Aim: to make students aware of the structure and style of answer letters.

In preparation for their own answer letter, students examine the structure of a possible reply to the original letter. Draw their attention to the following characteristics of such answers.

- They usually begin with some reassurance to the writer.
- They give some explanation of the problem.
- They offer a solution, or possibly two.
- They end with further reassurance.

Students then order the summaries provided in order to understand the structure of the text.

ADVANCE MATERIALS: GUT LESEN, BESSER SCHREIBEN

ANSWER

2, 4, 1, 3

Students should follow this structure in their own letter. Note that the expressions in Exercise 10 follow this pattern and that the students could recycle some of these for their own answer.

11 BEANTWORTEN

Aim: to get students to round off the discourse sequence with an appropriate response.

The students read the letters written by their fellow students in Exercise 9. Using the structure of an answer letter as given in Exercise 10, and employing the phrases given, they write a reply to this letter. They should aim to reassure the writer and outline a possible solution. The completed answer could then be given/e-mailed to the writer of the agony aunt letter.

You could display copies of the agony aunt letters and their replies side by side on a board, or create a folder on your Intranet which contains examples of both types of letter.

UNIT 4:
Briefkastentante/Briefkastenonkel

▶1 VORHERSAGEN

Dieser Text ist ein Kummerkastenbrief, in dem ein Mädchen seine Probleme beschreibt. Arbeiten Sie zu zweit oder in einer kleinen Gruppe. Machen Sie eine Liste von Themen, die vielleicht im Text vorkommen könnten.

BEISPIEL

- Pickel
- Einsamkeit

▶2 LESEN

Arbeiten Sie zu zweit.

- Lesen Sie den folgenden Kummerkastenbrief mindestens zweimal.
- Suchen Sie in einem Wörterbuch die Wörter und Ausdrücke, die Ihnen unbekannt sind, oder besprechen Sie den Sinn von unbekannten Wörtern mit Ihrem Partner/Ihrer Partnerin.
- Tragen Sie diese Wörter und Ausdrücke auf ein neues Vokabelblatt ein.

MEIN FREUND IST EIFERSÜCHTIG

Ich verstehe einfach nicht, warum mein Freund immer so eifersüchtig ist. Es gibt doch gar keinen Grund! Ich bin wirklich nur in *ihn* verliebt und interessiere mich überhaupt nicht für andere Jungs. Letztens zum Beispiel hatte ich nach längerer Zeit mal wieder einen schönen Abend mit meinen Freudinnen Uschi und Silke. Wir haben uns in einem italienischen Restaurant getroffen, um bei einer Pizza endlich wieder so richtig quatschen zu können. Ich bin müde nach Hause gekommen und wollte nur noch in mein Bett. Da ist mein Blick auf mein Handy gefallen, das auf meinem Bett lag. Ich hatte es nicht mitgenommen. Ich war total erschrocken, als ich auf dem Display sah, dass ich 27 Anrufe verpasst hatte – den letzten erst vor wenigen Minuten, kurz nach Mitternacht. Alle waren von meinem Freund. Ich war schockiert – ich habe sofort gedacht, da ist doch was passiert! Ich habe sofort sein Handy angerufen, um mit ihm zu sprechen. Er hat zuerst gar nichts gesagt und dann hat er losgeschrien: „Du bist gar nicht mit Uschi und Silke weg gewesen! Mit welchem Typ hast du dich getroffen? Warum hast du nicht auf meine Anrufe geantwortet?" Mein Freund ist schon immer etwas eifersüchtiger gewesen als andere Jungs, die ich kenne. Ich hatte eigentlich gehofft, dass es mit der Zeit besser wird. Leider scheint aber das Gegenteil der Fall zu sein und es wird immer schlimmer. Was kann ich nur tun, um ihn davon zu überzeugen, dass ich mich wirklich nur für ihn interessiere? Das Problem wird immer größer!!

Lisa, 16

ADVANCE MATERIALS: GUT LESEN, BESSER SCHREIBEN

▶ 3 VERGLEICHEN

Vergleichen Sie nun Ihre Liste aus Aufgabe 1 mit dem Text.

- Was hatten Sie richtig vorhergesagt?
- Hat die Schreiberin über Dinge geschrieben, an die Sie nicht gedacht hatten?

▶ 4 ZUORDNEN

Arbeiten Sie alleine oder zu zweit.

- Suchen Sie im Text die deutsche Version der Ausdrücke in der Tabelle..

I *simply* don't understand...	
There is *just* no reason...	
... something *must* have happened!	
Actually I had hoped...	
What *on earth* can I do?	

▶ 5 FINDEN

Arbeiten Sie alleine oder zu zweit.

- Suchen Sie die komparativen Formen der folgenden Adjektive im Text, wie z.B. älter/jünger/dicker/dünner.
- In der komparativen Form von *lang* und *groß*, was passiert mit dem Vokal?
- Wie konstruiert man also normalerweise die komparative Form eines Adjektives im Deutschen? Welches der Wörter ist eine Ausnahme zu dieser Regel?

lang →

eifersüchtig →

gut →

schlimm →

groß →

▶ 6 ÜBEN

Arbeiten Sie alleine.

- Die folgenden Sätze sind Beispiele für Sätze, die in einem Kummerkastenbrief vorkommen könnten. Ergänzen Sie sie mit der komparativen Form des Adjektives.

1 Dieses Problem ist _____ (unwichtig) als Probleme mit den Eltern.

2 Für Mädchen sind die Beziehungen zu Freundinnen _____ (einfach) als zu Jungen.

3 Uschis Freund ist _____ (nett) als Henriettes.

4 Mein Freund ist _____ (alt) als ich.

5 Dieser Brief ist _____ (kurz) als ich erwartet habe.

▶ 7 REAGIEREN

Arbeiten Sie zu zweit.

- Besprechen Sie diesen Brief. Drücken Sie Ihre Meinungen aus. Stimmen Sie mit Ihrem Partner überein oder nicht? Warum? Die Sätze unten sollen Ihnen helfen.

Ich finde diesen Brief… [doof/traurig/unsinnig/verwirrend].

Das Mädchen ist… [ängstlich/verwirrt/wütend], weil…

Der Junge ist… [sauer/idiotisch/intolerant], denn…

Ein Handy kann… [nützlich/unnützlich/ein Problem] sein, wenn…

▶ 8 BESPRECHEN

Arbeiten Sie zu zweit.

- Besprechen Sie eines der vorgeschlagenen Probleme, oder denken Sie sich ein anderes Problem aus.
- Notieren Sie Ideen und Wörter, die Sie in einem Brief zu diesem Thema gebrauchen könnten.

Ein Teenager muss eine Zahnspange tragen.

Ein Teenager darf nicht in die Disko gehen, weil die Eltern zu streng sind.

Ein Teenager will mit einem ausländischen Jugendlichen ins Kino gehen. Die deutschen Eltern sind dagegen.

Ein Teenager wird in der Schule regelmäßig von älteren Schülern verprügelt.

Ein Teenager denkt, dass er/sie zu dick ist und möchte eine Diät machen. Die Mutter ist dagegen.

Ein Teenager bekommt kein Taschengeld, weil seine Eltern arm sind.

Ein Teenager will sich tätowieren lassen, aber die Eltern sind dagegen.

Ein Teenager will ein Motorrad kaufen. Die Eltern haben Angst.

▶ 9 SCHREIBEN

Arbeiten Sie alleine.

- Schreiben Sie einen Kummerkastenbrief zu dem Thema, das Sie in Aufgabe 8 besprochen haben. Er sollte ungefähr 200 Wörter lang sein.
- Benutzen Sie die folgende Struktur.

1 Eine Frage und danach eine kurze Beschreibung des Problems.

2 Eine Erklärung des Vorfalls, der das Problem verursacht hat.

3 Eine Frage.

4 Ein Satz darüber, wie man sich fühlt.

ADVANCE MATERIALS: GUT LESEN, BESSER SCHREIBEN

▶10 LESEN

Arbeiten Sie alleine.

- Lesen Sie die folgende Antwort auf den Kummerkastenbrief aus Aufgabe 2.

> Liebe Lisa,
>
> Du bist nicht alleine mit deinem Problem! Dein Freund ist in einem Alter, wo er sich noch unsicher fühlt. Seine Eifersucht kommt von seiner Unsicherheit.
>
> In deiner speziellen Situation könntest du zuerst deinem Freund sagen, er soll Uschi und Silke fragen, ob ihr drei zusammen beim Italiener wart. Für die Zukunft solltest du ihm erklären, dass er dir schon vertrauen muss, wenn eure Freundschaft wichtig für ihn ist. Wenn er das nicht einsieht und weiterhin grundlos eifersüchtig ist, wirst du dir einen neuen Freund suchen müssen, denn dann wird er sich nicht mehr ändern!
>
> Deine
>
> Tante Kummerkasten

- Bringen Sie jetzt die folgenden Strukturelemente in die Reihenfolge wie sie im Text vorkommen.

1. Eine oder zwei Lösungen werden angeboten.
2. Am Anfang wird der Leser/die Leserin beruhigt.
3. Am Ende versucht man ein Gefühl der Sicherheit zu geben.
4. Man bietet eine mögliche Erklärung für das Problem an.

▶11 BEANTWORTEN

Arbeiten Sie alleine.

- Lesen Sie jetzt einen der Briefe, die Ihre Klassenkameraden geschrieben haben.
- Denken Sie über das Problem nach und schreiben Sie Ihre Antwort dazu auf. Sie könnten die folgenden Ausdrücke benutzen.

Liebe…/Lieber… Mach dir keine Sorgen, denn…

Das ist ganz normal, weil…

Du könntest… (*You could…*)

Du solltest…. (*You should…*)

Sei geduldig.

Ende gut alles gut.

Manche Situationen machen uns stärker, denn…

Im Leben gibt es immer wieder Probleme…

- Folgen Sie der Struktur aus Aufgabe 10.
- Schreiben Sie circa 150–200 Wörter.

Narrative/Recount 57

UNIT 5: Einbrecher bezahlen, um einzubrechen

UNIT FRAMEWORK

Outcome	Writing a narrative text based on a sequence of pictures
Writing skill	Organising material chronologically
Grammar/functional focus	Markers of time in a narrative; pluperfect and imperfect tenses
Audience	Readers of a local newspaper
Preliminary grammar revision	None

TEXT FEATURES

This unit examines a typical newspaper report of the narrative variety. After an introductory summary to whet the reader's appetite, the writer proceeds with a typical narrative structure.

- Background – initial situation – main character's task is set out – development of the situation – setback – resolution.

Students may be familiar with this type of structure from their own reading in English, although they may not be conscious of it. The writer uses this very clear structure and you could draw attention to it in order to make it easier for students to write a similar article of their own.

Other features which are typical of writing of this type include the following.

- Connectives which show the temporal relationship of one event to another, e.g. *Nach 54 Wohnungseinbrüchen in der Gegend hatte die Kripo genug. Nachdem Sie die Aussage von Herrn Schabovski aufgenommen hatten, planten sie einen Hinterhalt für die Täter.*

- The use of the passive to show what happened to somebody or something, e.g. *Die Euro-Münze **war** von der Polizei wieder in das Türschloss **eingelegt worden**; der Fluchweg zum Minibus wurde ihnen abgeschnitten.* Note: This feature is covered in Units 7, 10 and 15.

EINFÜHRUNG

Sie sollen einen Text lesen, der von einem Verbrechen handelt. Während des Lesens denken Sie über die Struktur nach. Wie hat der Autor alles organisiert? Wie hält er seine Leser in Spannung? Warum hat er diese Struktur für den Artikel benutzt?

▶1 VORHERSAGEN

Aim: to prepare students for the reading comprehension by encouraging them to use their knowledge of the world to predict what the given headline might mean.

Students consider in pairs or in small groups the title *Einbrecher bezahlen, um einzubrechen* and try to work out what it could mean. Afterwards you could build up a list of the suggestions on the white board, on an OHP or on an IAWB. The following might be suggested and others can be added as appropriate.

ADVANCE MATERIALS: GUT LESEN, BESSER SCHREIBEN

- Die Einbrecher müssen ein Strafgeld bezahlen.
- Die Einbrecher bezahlen, um in ein Museum einzutreten und warten bis es geschlossen wird.
- Die Einbrecher bezahlen, um einen Schlüssel zu kaufen.
- Die Einbrecher lassen ein Trinkgeld liegen.

usw.

▶ 2 LESEN

Students should read the text at least twice. They should discuss possible meanings of unknown words using the context to help them, before using reference material such as a dictionary or glossaries. All suggestions could be written on a whiteboard or IAWB. Students should then enter new words and expressions on a new vocabulary sheet (see page 199) under the headings below. Alternatively, you could print a cumulative version of their suggestions from the IAWB.

Textart: Erzählung

Titel: Einbrecher bezahlen um einzubrechen

▶ 3 VERGLEICHEN

Aim: to help students understand the actual meaning(s) of the headline.

Students now compare their ideas from Exercise 1 about what the title of the text might mean with the meaning as revealed in the text and attempt to think up an English translation for the title.

ANSWERS

The meaning of the text is: *Die Einbrecher benutzen eine Münze, um einbrechen zu können.* There is also the secondary moral meaning that the burglars are punished for their crime.

The headline, used in this sense, could translate as: 'Burglars pay (dearly) to break in'.

▶ 4 ORDNEN

Aim: to help students use their knowledge of theme-related vocabulary to show understanding of the text structure.

Students now restructure the summary to match the chronological order of the original text.

ANSWER

d   Hausmeister Schabovski wird von etwas Seltsamem in Alarmbereitschaft versetzt.

i   Der Hausmeister verständigt die Polizei.

c   Die Polizei nimmt an, dass ein Verbrechen geplant ist.

g   Polizisten sehen sich das Haus an, lassen aber alles wie es vorher war.

h   Die Polizisten verstecken sich, um auf die Ankunft der Verbrecher zu warten.

a   Die Verbrecher kommen, stellen eine Wache auf und brechen ins Gebäude ein.

e   In kurzer Zeit sammeln die Einbrecher Wertsachen und Elektrogeräte ein.

b   Die Einbrecher versuchen zu fliehen, ohne Erfolg!

f   Jetzt sind die Bewohner vor Einbrüchen sicher.

Narrative/Recount 59

▶ 5 FINDEN

Aim: to encourage students to use their knowledge of word relations to classify a given set of words and thus become more aware of word families.

This exercise introduces students to a different way of extending their vocabulary and makes them aware of word families. Some students might prefer to rearrange the collection as a mindmap instead.

ANSWER

FLUCHT	POLIZEI	EINBRECHER
Fluchtauto (*n*)	Polizei (*f*)	Einbrecher (*m*)
Fluchtweg (*m*)	Polizeisprecher (*m*)	gestohlen, stehlen
fliehen	Kripo (*f*)	einbrechen
	Polizist (*m*)	Bande (*f*)
	Polizeihunde (*mpl*)	Täter (*m*)
		ausgeräumt, ausräumen
		auskundschaften
		Wohnungseinbrüchen (*mpl*)

▶ 6 KLASSIFIZIEREN

Aim: to help students become aware of the ways in which temporal and non-temporal words and phrases structure the text.

Students classify the words given into those temporal expressions (*Zeitangaben*) which move the narration on (*Strukturieren*) and those which indicate points in time (*Zeitpunkte angeben*). There are also non-temporal expressions which merely add extra information (*Zusätzliche Informationen*). Point out that the latter are all introduced by a preposition (*mit, aus, für, in, zu*). This could be a good opportunity to revise the cases which follow the various prepositions.

ANSWER

Zeitangaben		
Strukturieren	Zeitpunkte angeben	Zusätzliche Information (präpositionale Phrasen)
zuerst	vergangene Woche	mit seiner Hilfe
dann	in den letzten Monaten	aus Willmerande-Nord
später	nach 54 Wohnungseinbrüchen	für die Täter
nachdem	am späten Nachmittag	in der Nähe des Fluchtwagens
in wenigen Minuten	als es dunkel wurde	zu Fuß
bald		

ADVANCE MATERIALS: GUT LESEN, BESSER SCHREIBEN

▶ 7 ENTSCHEIDEN

Aim: to help students gain a better understanding of when the imperfect and pluperfect tenses are used.

Briefly revise the imperfect and pluperfect tenses if you haven't already done so in preparation for the unit. Remind students that the imperfect is characterised by the use of a single-word form, e.g. *Einer der Männer* **versuchte**, *sich in einem Garten zu verstecken* and names a narrative action at **a point in time** in the past, whereas the pluperfect is characterised by the use of the imperfect of the auxiliaries *haben* or *sein* (*er hatte...*; *er war...*) with a past participle, e.g. *Unbekannte Täter* **hatten** *das Schloss der Tür zuerst mit der Münze* **blockiert**. This tense describes an action which **preceded** a narrative action.

Students first of all decide whether the sentences given indicate actions occurring during the break-in or before it. They mark the exercise with 'W' (= *während*) or 'V' (= *vor*). They then look at the relationship between the tense used and whether the action occurred during (imperfect tense) or before (pluperfect tense) the break-in.

ANSWER

1 Die Einbrecher **hatten** das Schloss mit einer Münze **blockiert**. (V)
2 Die Polizisten **hatten** sich im Haus **versteckt**. (V)
3 Die Täter **brachen** in das Haus **ein**. (W)
4 Die Polizeiwagen **waren** schon **angekommen**, um auf die Einbrecher zu warten. (V)
5 Die Täter **steckten** Wertsachen schnell in einen Sack. (W)
6 Die fünf Einbrecher **liefen** aus dem Haus. (W)

Die Sätze, die während des Verbrechens passieren, benutzen das **Imperfekt** und die Sätze, die vor dem Verbrechen passiert sind, benutzen das **Plusquamperfekt**. Das Plusquamperfekt wird auch Vorvergangenheit genannt, weil es ein Geschehen beschreibt, das noch vor anderen Ereignissen in der Vergangenheit stattgefunden hat.

▶ 8 ERGÄNZEN

Aim: to get students use their knowledge of the distinction between the imperfect and pluperfect to make up sentences.

Draw attention to the possibility of using both pluperfect and imperfect to narrate a rapid sequence of events. This combination produces a background (pluperfect) against which the action takes place (imperfect). Students now read the openings of sentences which contain the pluperfect, and decide on a logical conclusion for the sentences using the perfect.

POSSIBLE ANSWERS

1 Die Polizisten hatten einen Hinterhalt gelegt und jetzt **sahen sie die Einbrecher zum ersten Mal.**
2 Die Einbrecher waren in wenigen Minuten eingebrochen und jetzt **steckten sie Wertsachen in einen Sack.**
3 Der Polizeichef hatte seine Polizeiwagen schon eingesetzt und jetzt **sprangen die Polizisten aus den Autos.**
4 Die Einbrecher hatten nichts gemerkt und jetzt **liefen sie aus dem Haus.**
5 Die Polizei hatte gut geplant und jetzt **umstellte sie die Einbrecher schnell.**

Narrative/Recount

▶ 9 BESCHREIBEN UND NOTIEREN

Aim: to encourage students use their combined language knowledge to describe pictures.

Students work in pairs and are given two pictures (1 & 2, 3 & 4, 5 & 6) from the sequence on page 62. They work together to narrate orally what they can see, adding any additional imaginative elements they wish. They use the imperfect for events, the pluperfect for preceding events (possibly referring back to the previous picture) and the imperfect again for descriptions. They should work this out orally and then write a draft version. The purpose of this exercise is to prepare for tasks 10 and 11.

More advanced students could be asked to deduce what has happened or what will happen in the other pictures.

▶ 10 ZUSAMMENBAUEN

Aim: to encourage students to work co-operatively to work out the whole of the story's content and structure.

The pictures are taken away from the students. Groups of three students are formed with one student from each of the original groups. With the help of the notes they have made, these students now relate their version of their pictures in turn. The whole group then attempts to work out and relate orally what the sequence of events is.

Return the pictures to the students. A spokesperson for each group narrates their version to the whole class. Remind them to use the correct tenses (as in Exercise 9). They can also insert time expressions to move the narration on and add further detail, as in Exercise 6.

▶ 11 SCHREIBEN

Aim: to get students to use the knowledge gained to create a written version of the story.

Students now return to their original partner and write up a joint version of the story on the computer. As each student will be bringing information from other groups, they have the opportunity for further discussion of individual pictures before completing their own version.

Once the final version is completed, you could display the various recounts around a central copy of the pictures. Students could read these versions and compare their own with those of other groups.

ADVANCE MATERIALS: GUT LESEN, BESSER SCHREIBEN

62 Narrative/Recount

ADVANCE MATERIALS: GUT LESEN, BESSER SCHREIBEN

UNIT 5: Einbrecher bezahlen, um einzubrechen

▶ 1 VORHERSAGEN

Der Titel dieses Textes ist „Einbrecher bezahlen, um einzubrechen." Besprechen Sie in einer kleinen Gruppe, was das bedeuten könnte?

- Warum und wofür bezahlen die Einbrecher?
- Ist der Titel so gemeint, wie er geschrieben ist, oder muss man ihn metaphorisch sehen?

BEISPIEL

Die Einbrecher müssen ein Strafgeld bezahlen.

▶ 2 LESEN

Arbeiten Sie zu zweit.

- Lesen Sie den folgenden Text mindestens zweimal.
- Suchen Sie in einem Wörterbuch die Wörter und Ausdrücke, die Ihnen unbekannt sind, oder besprechen Sie den Sinn von unbekannten Wörtern mit Ihrem Partner/Ihrer Partnerin.
- Tragen Sie diese Wörter und Ausdrücke auf ein neues Vokabelblatt ein.

EINBRECHER BEZAHLEN, UM EINZUBRECHEN

Ein Hausmeister bewies vergangene Woche, dass sich Wachsamkeit immer lohnt. Mit seiner Hilfe gelang es der Polizei, eine Bande von Einbrechern zu verhaften, die in den letzten Monaten im ganzen Umkreis mehrere Keller und Wohnungen von Mehrfamilienhäusern ausgeräumt hatten.

Hausmeister Schabovski aus Willmerande-Nord entdeckte im Türschloss seiner Wohnanlage eine 1 Euro-Münze. Unbekannte Täter hatten das Schloss der Türe zuerst mit der Münze blockiert, um dann später heimlich in die Anlage eindringen zu können. Polizeisprecher Heinz Schmitz sagte, man müsse davon ausgehen, dass die Einbrecher die Gebäude zuerst auskundschaften und später dann einbrechen.

Nach 54 Wohnungseinbrüchen in der Gegend hatte die Kripo genug. Nachdem Sie die Aussage von Herrn Schabovski aufgenommen hatten, planten sie einen Hinterhalt für die Täter.

Acht Polizisten kamen am späten Nachmittag in Willmerande-Nord an und versteckten sich im Keller des Mehrfamilienhauses. Als es dunkel wurde, fuhren die Täter mit einem als gestohlen gemeldeten Minibus vor. Fünf Männer stiegen aus und näherten sich der Eingangstür. Einer der Täter stand in der Nähe des Fluchtautos Wache.

Die Euro-Münze war von der Polizei wieder in das Türschloss eingelegt worden. Deshalb konnten die Täter ungehindert ins Haus kommen. Von außen hatten die

ADVANCE MATERIALS: GUT LESEN, BESSER SCHREIBEN

Einbrecher bereits gesehen, in welchen Wohnungen kein Licht brannte. In wenigen Minuten waren sie in eine dieser Wohnungen eingebrochen und hatten eine Stereoanlage, ein Sparschwein und eine Schmuckkassette gestohlen. Auf dem Weg zurück zum Auto wurden sie von der Polizei verfolgt und der Fluchweg zum Minibus wurde ihnen abgeschnitten.

Einer der Männer versuchte sich in einem Garten zu verstecken, wurde aber bald von den Polizeihunden aufgespürt und von der Polizei verhaftet. Die vier anderen versuchten zu Fuß zu fliehen. Sie kamen jedoch nicht weit und konnten von fünf Polizisten überwältigt werden.

In den Wohnanlagen in Willmerande-Nord sind die Anwohner nun jedoch Dank Hausmeister Schabovski und der Polizei sicher. Hier werden Einbrecher vorerst kein Glück mehr haben, denn nun sind alle Mieter sehr wachsam.

die Kripo   *Kurzform für Kriminalpolizeit; in England "CID"*

▶ 3 VERGLEICHEN

Vergleichen Sie den Inhalt des Textes mit Ihren Ideen aus Aufgabe 1.

- Erklären Sie die Bedeutung der Überschrift.
- Hatten Sie das vorher gesagt? Woran hatten Sie nicht gedacht? Hatten Sie Ideen, die nicht im Text vorkommen?
- Wie würden Sie den Titel ins Englische übersetzen?

▶ 4 ORDNEN

Arbeiten Sie jetzt alleine.

- Bringen Sie die folgende Zusammenfassung des Textes in die richtige Reihenfolge.

a   Die Verbrecher kommen, stellen eine Wache auf und brechen ins Gebäude ein.

b   Die Einbrecher versuchen zu fliehen, ohne Erfolg!

c   Die Polizei nimmt an, dass ein Verbrechen geplant ist.

d   Hausmeister Schabovski wird von etwas Seltsamem in Alarmbereitschaft versetzt.

e   In kurzer Zeit sammeln die Einbrecher Wertsachen und Elektrogeräte ein.

f   Jetzt sind die Bewohner vor Einbrüchen sicher.

g   Polizisten sehen sich das Haus an, lassen aber alles wie es vorher war.

h   Die Polizisten verstecken sich, um auf die Ankunft der Verbrecher zu warten.

i   Der Hausmeister verständigt die Polizei.

▶ 5 FINDEN

Arbeiten Sie alleine oder zu zweit, um Ihren Wortschatz zu erweitern.

- Finden Sie im Text die folgenden Wörter, die mit Straftaten zu tun haben, und unterstreichen Sie sie.
- Schreiben Sie dann diese Wörter in die richtige Spalte der Liste unten.
- Fügen Sie Ihre eigenen Ideen hinzu.

ADVANCE MATERIALS: GUT LESEN, BESSER SCHREIBEN

Polizei (f)

Fluchtauto (n)

Fluchtweg (m)

fliehen

Polizeisprecher (m)

Kripo (f)

gestohlen (stehlen)

Einbrecher (m)

einbrechen

Bande (f)

Täter (m)

Polizist (m)

Wohnungseinbrüchen (mpl im Dativ)

Polizeihunde (mpl)

ausgeräumt (ausräumen)

auskundschaften

FLUCHT	POLIZEI	EINBRECHER
Fluchtauto (n)	Polizei (f)	Einbrecher (m)

▶ 6 KLASSIFIZIEREN

Arbeiten Sie alleine oder zu zweit.

- Klassifizieren Sie die folgenden Wörter und Ausdrücke.
- Suchen Sie zuerst die Ausdrücke, die Zeitangaben sind. Welche strukturieren den Text? Welche geben Zeitpunkte an? Schreiben Sie sie in die richtige Spalte der Tabelle.
- Suchen Sie dann nach Ausdrücken, die zusätzliche Informationen geben. Schreiben Sie sie in die dritte Spalte der Tabelle.

vergangene Woche

in den letzten Monaten

mit seiner Hilfe

aus Willmerande-Nord

zuerst

dann

später

nach 54 Wohnungseinbrüchen

nachdem

für die Täter

am späten Nachmittag

als es dunkel wurde

in der Nähe des Fluchtwagens

in wenigen Minuten

bald

zu Fuß

ADVANCE MATERIALS: GUT LESEN, BESSER SCHREIBEN

Zeitangaben

Strukturieren	Zeitpunkte angeben	Zusätzliche Informationen (präpositionale Phrasen)
zuerst	vergangene Woche	*mit* seiner Hilfe

▶ 7 ENTSCHEIDEN

Arbeiten Sie jetzt alleine.

- Sind die folgenden Ereignisse vor dem Einbruch oder während des Einbruchs passiert?
- Schreiben Sie 'V' (vor) oder 'W' (während) hinter die Sätze.
- Sehen Sie sich dann die Sätze noch einmal an. Welche Zeitform wird in den als (V) klassifizierten Sätzen verwendet? Welche in den als (W) klassifizierten? Warum?

BEISPIEL

Die Einbrecher **hatten** vor vier Tagen die Gegend **besucht.** (V)

1 Die Einbrecher **hatten** das Schloss mit einer Münze **blockiert**.
2 Die Polizisten **hatten** sich im Haus **versteckt**.
3 Die Täter **brachen** in das Haus **ein**.
4 Die Polizeiwagen **waren** schon **angekommen**, um auf die Einbrecher zu warten.
5 Die Täter **steckten** Wertsachen schnell in einen Sack.
6 Die fünf Einbrecher **liefen** aus dem Haus.

▶ 8 ERGÄNZEN

Arbeiten Sie alleine oder zu zweit.

- Ergänzen Sie die folgenden Sätze. Benutzen Sie immer das Imperfekt für das nächste Ereignis.

BEISPIEL

Die Einbrecher hatten das Schloss mit einer Münze blockiert und jetzt...

Die Einbrecher hatten das Schloss mit einer Münze blockiert und jetzt **kamen sie mit den nötigen Werkzeugen an.**

1 Die Polizisten hatten einen Hinterhalt gelegt und jetzt...
2 Die Einbrecher waren in wenigen Minuten eingebrochen und jetzt...
3 Der Polizeichef hatte seine Polizeiwagen schon eingesetzt und jetzt...

4   Die Einbrecher hatten nichts gemerkt und jetzt...

5   Die Polizei hatte gut plant und jetzt...

▶ 9 BESCHREIBEN UND NOTIEREN

Arbeiten Sie zu zweit. Sie bekommen jetzt zwei Bilder aus einer Geschichte.

- Sprechen Sie zuerst miteinander darüber, was auf diesen Bildern passiert ist.

- Benutzen Sie das Imperfekt oder Plusquamperkfekt (wie in Übung 7). Für Beschreibungen benutzen Sie das Imperfekt.

- Machen Sie sich dann beide Notizen.

- Verwenden Sie Wörter aus Übung 5. Andere Wörter finden Sie auch auf der Vokabelliste unten.

Vokabelblatt	
maskiert	*masked*
das Juweliergeschäft	*jewellery shop*
der Schmuck	*jewellery*
die Beute	*swag, stolen article, booty*
der Alarm	*alarm bell*
klingeln	*(here:) to go off*
ankommen	*to arrive*
aussteigen	*to get out*
hineinlaufen	*to rush in*
verhaften	*to arrest*
Handschellen anlegen	*to handcuff*
das Abflussrohr	*drainpipe*
hinauf klettern	*to climb up*
ins Auto schubsen	*to bundle into the car*

▶ 10 ZUSAMMENBAUEN

Jetzt sollen Sie mit zwei Studenten oder Studentinnen aus anderen Paaren arbeiten. Diese haben die restlichen Elemente der Geschichte.

- Geben Sie zuerst Ihrem Lehrer/Ihrer Lehrerin die Bilder zurück.

- Beschreiben Sie nacheinander Ihre eigenen Bilder. Benutzen Sie Ihre Notizen.

- Bringen Sie dann die ganze Geschichte in die richtige Reihenfolge und erzählen Sie diese mündlich. Benutzen Sie das Imperfekt oder das Plusquamperfekt (wie in der Übung 9). Benutzen Sie auch Strukturausdrücke aus Übung 6.

▶ 11 SCHREIBEN

Arbeiten Sie zu zweit.

- Schreiben Sie auf dem Computer die Endversion Ihrer Geschichte. Sie können auch Ideen von anderen Gruppen benutzen, wenn Sie möchten!

- Die verschiedenen Versionen dieser Geschichte werden dann neben den Bildern an die Wand gehängt werden, wo Sie sie dann lesen können.

ADVANCE MATERIALS: GUT LESEN, BESSER SCHREIBEN

UNIT 6: Aus dem Tagebuch

UNIT FRAMEWORK

Outcome	Writing diary entries for significant events
Writing skill	Ordering events in an account
Grammar/functional focus	Use of past, present and future tenses
Audience	Self and peers
Preliminary grammar revision	None

TEXT FEATURES

The diary is a very frequent and important type of narration, which requires considerable organisational skill on the part of the writer. Few narrations are purely chronological and it is important that the student should learn to include both description and comment.

The text is characterised by:

- punctual indicators of time (e.g. *9. November; heute*)
- the use of past tenses to narrate the events (e.g. *Honecker ist aus allen Partei- und Staatsämtern zurückgetreten*)
- the use of the present for three purposes:

1 to narrate what is happening (e.g. *Ich sitze…*)

2 to describe the present state of things (*Zu viel steht für mich und meine Familie auf dem Spiel*)

3 to express how one is feeling (e.g. *Ich glaube meinen Augen und Ohren nicht*)

- the use of the future for two purposes:

1 to talk about plans (e.g. *Diesmal werden wir nach Dresden fahren*)

2 to predict the future (e.g. *Nichts wird mehr bleiben wie es war*).

EINFÜHRUNG

Tagebücher sind wichtige Dokumente, da sie oft eine Chronik von historischen Ereignissen aus einem persönlichen Blickwinkel verfassen. Solche Dokumente sind oft lebendig, da die Hoffnungen und Ängste der Schreibenden ausgedrückt werden. Nachdem Sie diesen Text gelesen und Übungen dazu gemacht haben, werden Sie Ihre eigene Tagebuchversion von einem wichtigen historischen Ereignis verfassen, nämlich, vom Ende der Deutschen Demokratischen Republik und der Wiedervereinigung Deutschlands.

▶1 VORHERSAGEN

Aim: to prepare students for the reading comprehension by encouraging them to use their knowledge of the world to predict what the possible content of a diary entry might be.

Students predict what the writer, a witness to historical events, might have written about. They predict what he may have thought and felt at the time. They discuss and make notes on this under the following headings. You could build up the lists on the white board, on an OHP or on an IAWB.

ADVANCE MATERIALS: GUT LESEN, BESSER SCHREIBEN

Narrative/Recount   69

Unit 6 — Teacher's notes

POSSIBLE ANSWER

Gesehen	Gedacht	Gefühlt
Demonstrationen	Was passiert? Was wird passieren?	Furcht
öffentliche Kritik an der DDR	Das ist sehr mutig	Hoffnung
Leute verlassen die DDR	Wohin wird das noch führen?	Sorge
die Grenzen sind offen	Ich kann es nicht glauben	Glück

▶ 2 LESEN

Students should read the text at least twice. They should discuss possible meanings of unknown words using the context to help them, before using reference material such as a dictionary or glossaries. All suggestions could be written on a whiteboard or IAWB. Students should then enter new words and expressions on a new vocabulary sheet (see page 199) under the headings below. Alternatively, you could print a cumulative version of their suggestions from the IAWB.

Textart: Erzählung

Titel: Aus dem Tagebuch von Klaus Heller: die Wende in der DDR

▶ 3 VERGLEICHEN

Aim: to focus students' attention on the vocabulary and topics which did come up in the article, and to compare these with their own predictions.

Students now compare the notes they compiled in Exercise 1 with vocabulary and topics mentioned in the text. In small groups or with a partner they could exchange findings, mentioning things they omitted, e.g. *Ich hatte nicht an… gedacht*. If you have an electronic version of the original table you could print copies for your students to use as a checklist and to which they could add further information. Alternatively, they can work with the tables they compiled in pairs.

▶ 4 FINDEN

Aim: to focus students' attention on topic-related vocabulary and the use of synonyms and near synonyms, and to raise their awareness of the inherent structure of the text.

Students find in the text the dates for the events described and note them down. They then rearrange the sentences into chronological order.

ANSWER

- Ab heute wird die Regierung der DDR von einigen Leuten öffentlich verurteilt. (19. Januar 1989)
- Tausende von DDR Bürgern verlassen die DDR über Nachbarstaaten des ehemaligen Ostblocks. (August 1989)
- Die DDR feiert einen runden Geburtstag. (7. Oktober 1989)
- Die politische Spitze der DDR wird von einer anderen Person übernommen. (18. Oktober 1989)
- Überall in der DDR demonstrieren die Bürger. (4. November 1989)
- Die Mauer wird geöffnet. (9. November 1989)
- In ganz Deutschland ist man glücklich und feiert. (10. November 1989)

ADVANCE MATERIALS: GUT LESEN, BESSER SCHREIBEN

- Man kann jetzt auch wieder durch das Brandenburger Tor spazieren, ohne dabei erschossen zu werden! (22. Dezember 1998)

▶ 5 ENTSCHEIDEN

Aim: to help students become more aware of when the past, present and future tenses are used.

Students classify the sentences given according to whether the verb is in the past, present or future tense. They then attempt to generalise rules for the use of the tenses they observed.

ANSWER

1. Endlich entsteht eine Opposition in der DDR! (G)
2. Wir haben Angst. (G)
3. Honecker ist von allen Partei- und Staatsämtern zurückgetreten. (V)
4. Sein Nachfolger ist Egon Krenz. (G)
5. Morgen wieder Demonstration, diesmal werden wir nach Dresden fahren. (Z)
6. Wir werden sofort losfahren, um zu sehen, ob das auch stimmt!!! (Z)
7. Geschichte spielt sich vor unseren Augen ab. (G)
8. Die Stimmung ist ansteckend. (G)
9. Die Mauer hat ausgedient. (V)
10. Nichts wird mehr bleiben wie es war. (Z)

The past narrates events that have already happened. The present is used to narrate what is happening now, describe the present state of things, or to express how the writer feels. The future is used to talk about plans and predictions for the future.

▶ 6 REAGIEREN

Aim: to encourage students to express their reactions to given events.

Imagining that they are the writer of the diary, students complete the sentences given with their own personal reaction.

POSSIBLE ANSWERS

1. Jetzt beginnen Leute ihre eigene Meinung auszudrücken. Das könnte **gefährlich werden.**
2. Die Stasi kann nichts dagegen tun. Ich hoffe, dass **es so bleibt.**
3. Viele Leute, die zu fliehen versuchten, sind verhaftet worden. Die Stimmung hier **ist deprimiert und ängstlich.**
4. Die Regierungspolitik ist verunsichert und unstabil. Ich bin davon überzeugt, dass **etwas passieren wird.**
5. Die Mauer ist gefallen! Was für ein **fantastischer Tag!**

▶ 7 BESPRECHEN

Aim: to get students to pool their existing knowledge about the Berlin Wall.

Students brainstorm on what they know about the history of the Berlin Wall. They can work in pairs to discuss questions, such as when and why the wall was built, and then pool their knowledge in a plenary. This could be done in English if necessary. Their ideas can be collected on an OHT, a whiteboard or an IAWB as they produce them. These ideas can then be left for further discussion after the students have read the second text, e.g. the students may say that the wall was built in the Sixties. After reading the text, they can be more precise.

▶ 8 LESEN

Aim: to give students some background information on the Berlin Wall.

Students read a text in English on the building of the wall.

▶ 9 DISKUTIEREN UND NOTIEREN

Aim: to help students to concentrate on one particular viewpoint in the structuring of a text.

Students are asked to work orally in pairs and to imagine that they are studying in Berlin at the time of the building of the wall. One student describes it from the western viewpoint and the other from the eastern. They also describe their feelings and their hopes and fears. They can use the frames provided to organise their thinking and speech. Students should make notes from time to time during their discussions.

POSSIBLE ANSWER

1   Ich wohne in Ostberlin an der Grenze. Ich kann den Todesstreifen von meinem Fenster aus sehen. Ich kann die Häuser sehen, deren Fenster zugemauert wurden. Ich bin nervös. Ich fühle mich eingesperrt. Ich kann nicht sagen, was ich will, oder gehen, wohin ich möchte.

2   Ich wohne in Westberlin. Ich kann die Mauer sehen. Ich kann meine Familie in Ostberlin nicht sehen. Ich kann nicht einfach mal in die andere Hälfte meiner Stadt fahren. Ich bin sauer/verärgert/frustriert. Ich fühle mich ohnmächtig/machtlos.

▶ 10 VORBEREITEN

Aim: to make students more aware of the need to select information according to its purpose.

Students choose the most important elements from their discussions to include in diary entries. They should use a mixture of narration, description and reaction. Description does not necessarily imply sentences, and could be restricted to the use of adjectives attached to nouns, e.g. *eine gefährliche Situation*. Remind students about the agreement of adjectives when they are attached to a noun. They draft their diaries and circulate them for comment and correction by other students.

▶ 11 SCHREIBEN

Aim: to get students to use the knowledge of the situation and the grammatical/stylistic expertise they have gained to write a diary entry.

Students write up a fair copy of their diary. This could, for once, be done by hand, to give it an authentic appearance. If they wanted to, they could write it in a little notebook to make it look even more authentic.

Attention is drawn in the students' worksheets to various structural and grammatical elements that should be used.

ADVANCE MATERIALS: GUT LESEN, BESSER SCHREIBEN

▶12 BEARBEITEN

Aim: to teach students to exercise and express their critical judgement.

Once the draft diary entries have been composed, students exchange with a partner. They read the diary and find three points (relating to interest, structure, and/or grammar) which they find particularly good and three points which they believe to require revision or correction. Point out that they should be fair in their judgements and not over-critical in their opinions, as their own work is also being judged by their peers! See page 106 or 113 for a list of phrases they can use.

▶13 FERTIG STELLEN

Aim: to get students to redraft their work to implement the suggested changes and to correct mistakes.

When they have finished the revision process, they need to update their work and write a fair copy. This could be done at home.

UNIT 6: Aus dem Tagebuch

▶1 VORHERSAGEN

Sie werden hier Auszüge aus dem Tagebuch eines Berliners lesen, die von der *Wende* handeln, das heißt, vom Ende der Deutschen Demokratischen Republik und der Wiedervereinigung Deutschlands. Arbeiten Sie zu zweit oder in einer kleinen Gruppe.

- Da der Schriftsteller bei diesen Ereignissen anwesend war, was hat er wohl geschrieben? Was hat er wohl gedacht? Wie hat er sich wohl gefühlt?
- Besprechen Sie diese Fragen und machen Sie sich Notizen in der Tabelle.

Gesehen	Gedacht	Gefühlt
Demonstrationen	Was passiert? Was wird passieren?	Furcht

▶2 LESEN

Arbeiten Sie zu zweit.

- Lesen Sie den folgenden Text mindestens zweimal.
- Suchen Sie in einem Wörterbuch die Wörter und Ausdrücke, die Ihnen unbekannt sind. Sie könnten mit Ihrem Partner/Ihrer Partnerin arbeiten und den Sinn von unbekannten Wörtern besprechen.
- Tragen Sie neue Wörter und Ausdrücke auf ein neues Vokabelblatt ein.

ADVANCE MATERIALS: GUT LESEN, BESSER SCHREIBEN

AUS DEM TAGEBUCH VON KLAUS HELLER: DIE WENDE IN DER DDR

19. Januar 1989 Heute ist etwas Außerordentliches passiert: die Kritiker der DDR haben sich öffentlich gegen die Regierung ausgesprochen !!! Das ist sehr mutig! Ich bin davon überzeugt, dass diese Leute jetzt von der Stasi überwacht werden. Endlich entsteht auch hier eine Opposition! Ihr Ziel ist es, die DDR nach dem Vorbild der sowjetischen „Perestroika" zu reformieren. Hoffen wir das Beste für die Zukunft!

August 1989 Hannah und ihre Familie haben Urlaub in Polen dazu benutzt, um aus der DDR zu fliehen. Ich hoffe immer noch darauf, dass etwas passieren wird, was die DDR von innen her reformiert. Immer mehr Freunde und Bekannte verlassen uns durch die CSSR, Polen und Ungarn, um sich in den Westen abzusetzen. Wohin wird das noch führen? Ich bin jetzt die ganze Zeit besorgt und ängstlich.

7. Oktober 1989 Heute war die 40-Jahr-Feier der DDR. Politisches Tamtam wie immer, aber zudem auch stundenlange Demonstration von 2–3.000 Menschen in Ostberlin. Ich wage noch immer nicht mitzumachen. Zu viel steht für mich und meine Familie auf dem Spiel. Wir haben Angst!

18. Oktober 1989 Honecker ist von allen Partei- und Staatsämtern zurückgetreten. Sein Nachfolger ist Egon Krenz.

4. November 1989 Mit Freunden und Bekannten, die in der DDR geblieben sind, haben wir in letzter Zeit an den „Montagsmärschen" in Leipzig teilgenommen. Das Regime ist verunsichert und unstabil – eine gefährliche Situation!!! Morgen wieder Demonstration, diesmal werden wir nach Dresden fahren.

9. November 1989 Ich sitze vor dem Fernseher und traue meinen Augen nicht: Öffnung der Grenzübergänge auch für Bürger der DDR! Auf einer Pressekonferenz teilte Politbüromitglied Schabowski heute mit, dass man sich dazu entschlossen habe, eine Regelung zu treffen, die es jedem DDR Bürger ermöglichen würde, über Grenzübergänge der DDR auszureisen. Wir werden sofort losfahren, um zu sehen, ob das auch stimmt!!!

23.00 Wir sind in Berlin an einem Grenzübergang zum Westen. Geschichte spielt sich vor unseren Augen ab! Die Stimmung ist ansteckend. Noch wollen uns die Grenzposten nicht durchlassen, sie sind verwirrt und wissen offensichtlich nicht, was los ist.

23.30 ENDLICH! Wir jubeln und glauben es kaum! Die Grenze ist offen. Auf der anderen Seite im Westen stehen wie hier tausende von Menschen, die es nicht glauben können. Auf der anderen Seite werden wir unter Tränen und herzlichst begrüßt. Auf allen Fernsehschirmen und im Radio wird verkündet, dass sämtliche Kontrollen eingestellt worden sind: die Mauer hat ausgedient. Wo wir vor wenigen Stunden noch von den Grenzposten erschossen worden wären, tanzen hunderte von Menschen aus Ost und West auf der Mauer. An der Berliner Mauer allein sind doch 235 Menschen gestorben. Es ist unglaublich – wie ein Traum!

10. November 1989 In den Nachrichten wird verkündet, dass rund 600.000 DDR-Bürger nach Westberlin fahren, das Gedränge an den Übergängen ist chaotisch, noch immer wird überall gefeiert. Heute Abend gibt es auch bei uns eine riesige Party!

22. Dezember 1989 Heute sind auch endlich die Übergänge am Brandenburger Tor geöffnet worden. Ich glaube, dass jetzt nichts Schreckliches mehr passieren kann und dass diese unglaubliche Situation Realität geworden ist. Nichts wird mehr bleiben wie es war.

die Stasi	Abbreviation of *Staatssicherheitsdienst*, the state security service of former East Germany

▶ 3 VERGLEICHEN

Vergleichen Sie nun Ihre Notizen aus Aufgabe 1 mit dem Text.

- Was hatten Sie richtig vorhergesagt?
- Hat der Verfasser über Dinge geschrieben, an die Sie nicht gedacht hatten?

ADVANCE MATERIALS: GUT LESEN, BESSER SCHREIBEN

▶ 4 FINDEN

Arbeiten Sie jetzt alleine.

- Finden Sie im Text das Datum für jedes Ereignis und schreiben Sie es auf.
- Bringen Sie die Sätze chronologisch in die richtige Reihenfolge.
- Der erste Satz ist als Beispiel vorgegeben.

BEISPIEL

Ab heute wird die Regierung der DDR von einigen Leuten öffentlich verurteilt. **(19. Januar 1989)**

- Tausende von DDR Bürgern verlassen die DDR über Nachbarstaaten des ehemaligen Ostblocks.
- Die Mauer wird geöffnet.
- Die politische Spitze der DDR wird von einer anderen Person übernommen.
- Überall in der DDR demonstrieren die Bürger.
- Ab heute wird die Regierung der DDR von einigen Leuten öffentlich verurteilt. **(19. Januar 1989)**
- In ganz Deutschland ist man glücklich und feiert.
- Man kann jetzt auch wieder durch das Brandenburger Tor spazieren, ohne dabei erschossen zu werden!
- Die DDR feiert einen runden Geburtstag.

▶ 5 ENTSCHEIDEN

Arbeiten Sie jetzt alleine oder zu zweit.

- Entscheiden Sie, ob die Sätze unten von der Gegenwart, der Vergangenheit oder der Zukunft handeln. Schreiben Sie G (Gegenwart), V (Vergangenheit) oder Z (Zukunft) hinter die Sätze.
- Warum befinden sich diese drei Zeiten in einem Tagebuch? Sehen Sie sich die Sätze noch einmal an, um Gründe dafür zu finden.
- Können Sie Regeln dafür erkennen, wann man die verschiedenen Zeiten verwendet?

BEISPIEL

Das ist sehr mutig! (G)

Hoffen wir das Beste für die Zukunft! (Z)

Heute war die 40-Jahr-Feier der DDR. (V)

1. Endlich entsteht eine Opposition in der DDR!
2. Wir haben Angst.
3. Honecker ist von allen Partei- und Staatsämtern zurückgetreten.
4. Sein Nachfolger ist Egon Krenz.
5. Morgen wieder Demonstration, diesmal werden wir nach Dresden fahren.
6. Wir werden sofort losfahren, um zu sehen, ob das auch stimmt!!!
7. Geschichte spielt sich vor unseren Augen ab.
8. Die Stimmung ist ansteckend.
9. Die Mauer hat ausgedient.
10. Nichts wird mehr bleiben wie es war.

ADVANCE MATERIALS: GUT LESEN, BESSER SCHREIBEN

▶ 6 REAGIEREN

Arbeiten Sie alleine. Stellen Sie sich nun vor, **Sie** schreiben das Tagebuch.

- Reagieren Sie persönlich auf die folgenden Sätze.
- Benutzen Sie die vorgegebenen Satzanfänge.

BEISPIEL

Jetzt stehen viele Soldaten auf den Straßen und neben der Mauer. Das ist ja...

Jetzt stehen viele Soldaten in den Straßen und neben der Mauer. Das ist ja **wirklich erschreckend!**

1. Jetzt beginnen Leute ihre eigene Meinung auszudrücken. Das könnte...
2. Die Stasi kann nichts dagegen tun. Ich hoffe, dass...
3. Viele Leute, die zu fliehen versuchten, sind verhaftet worden. Die Stimmung hier...
4. Die Regierungspolitik ist verunsichert und unstabil. Ich bin davon überzeugt, dass...
5. Die Mauer ist gefallen! Was für ein...!

▶ 7 BESPRECHEN

Sie werden gleich einen Text auf Englisch über den Bau der Berliner Mauer lesen. Arbeiten Sie jetzt in einer kleinen Gruppe und sammeln Sie Informationen.

- Was wissen Sie schon über die Berliner Mauer? Wann wurde sie gebaut? Warum?
- Notieren Sie alles, was Sie darüber wissen, bevor Sie den Text lesen.

▶ 8 LESEN

Arbeiten Sie jetzt wieder alleine.

- Lesen Sie jetzt den Text über den Bau der Berliner Mauer. Der Text ist in Englisch.

THE BUILDING OF THE BERLIN WALL

On 7 October 1949, following the end of the Second World War, Germany was divided into four parts by America, Britain, France and Russia. Each part was under the control of a different power. America, Britain and France amalgamated their parts to form a democratic state, the Federal Republic of Germany (*Bundesrepublik Deutschland*). The Russian or Soviet part became a communist state, called the German Democratic Republic (*Deutsche Demokratische Republik*).

Berlin itself was situated inside the Russian part. Because it was the former capital, America, Britain, France and Russia agreed to divide the city into four sectors. West Berlin was made up of the sectors occupied by America, Britain and France. The Soviet sector was known as East Berlin and became the capital city of the *Deutsche Demokratische Republik*. In 1961, between January and August, about 160,000 refugees fled from East Germany to West Germany. Some of the reasons for their flight included the following.

1. Poor economic conditions.
2. The fact that people had very little opportunity to own consumer goods and everybody had to work for the state.
3. Problems such as mass food shortages which caused social unrest.
4. An ever increasing lack of consumer goods.
5. The fact that West Germany offered more freedom of movement and more economic choices.

This exodus of citizens to the West worried the East German government. Something had to be done to stop the flow westwards as soon as possible. Preparations for the building of the wall started in secret on 12 August 1961. The leadership of the GDR used the following tactics to keep the operation secret.

1. Written records of plans and actions relating to the building of the wall were handwritten and no more than one copy ever existed.
2. Any obvious preparations, such as movements of soldiers or anything that might have indicated to the general public that something was about to happen, were played down by bilingual Soviet–German staff.
3. Everything was made to look as if it had been initiated by the police without any political motives.

The building of the wall began during the night of 13 August 1961. At first, the Berlin Wall consisted mainly of an enormous barricade made of barbed wire which was heavily guarded by soldiers. When it was finished, however, the wall was 107 km long and 4 m high in most places. If an unauthorised person walked towards the wall on the East Berlin side, they were shot without warning. The wall cut through 192 streets in Berlin. Houses immediately next to the wall on the East Berlin side had their windows bricked up. All contact between people in the eastern and western parts of the city was made impossible for many years, until the borders between East and West were opened again on 9 November 1989.

▶9 DISKUTIEREN UND NOTIEREN

Arbeiten Sie zu zweit.

- Stellen Sie Sich vor, dass Sie Studenten sind, die an der Grenze zwischen West- und Ostberlin leben. Einer von Ihnen wohnt im Osten und einer im Westen.

- Besprechen Sie die folgenden Fragen (in Ihrer Rolle als deutsche Studenten): Was haben Sie gesehen? Wie haben Sie sich gefühlt Was ist passiert? Was für Hoffnungen und Ängste hatten Sie in diesem Moment?

- Notieren Sie Ihre Eindrücke in Stichpunkten. Benutzen Sie beide Beispiele unten.

- Die Vokabeln aus der Tabelle in Übung 1 und die im Beispiel vorgegebenen Sätze sollen Ihnen helfen, über dieses Thema zu sprechen.

BEISPIELE

1. Ich wohne in Ostberlin an der Grenze. Ich kann den Todesstreifen von meinem Fenster aus sehen. Ich kann... sehen. Ich bin... . Ich fühle mich... . Ich kann nicht...

2. Ich wohne in Westberlin. Ich kann... sehen. Ich kann... nicht sehen. Ich kann nicht... . Ich bin... . Ich fühle mich...

ADVANCE MATERIALS: GUT LESEN, BESSER SCHREIBEN

VOKABELHILFE

Englisch	Deutsch
the occupying powers	die Besatzungsmächte
agreement	die Abmachung
refugee	der Flüchtling
to flee, fled, fled	fliehen, floh, geflohen
economic conditions	die ökonomische Situation
shortage	die Knappheit, der Mangel
discontent	die Unzufriedenheit
leadership	die Parteispitze
the (Berlin) Wall	die (Berliner) Mauer
barbed wire	der Stacheldraht
armed guards	bewaffnete Wachsoldaten
to brick up windows	die Fenster zumauern
no-man's land at a border	der Todesstreifen, das Niemandsland

▶10 VORBEREITEN

Arbeiten Sie jetzt wieder alleine. Sie sollen jetzt Ihr Tagebuch vorbereiten, das Sie in Aufgabe 11 schreiben werden.

- Wählen Sie zuerst die wichtigsten Elemente aus Ihren Notizen von Aufgabe 9. Was muss in einem solchen Tagebuch geschrieben werden? Was kann man auslassen?
- Organisieren Sie nun Ihre Notizen aus Aufgabe 9 und schreiben Sie neue Stichpunkte hinzu.
- Achten Sie darauf, dass Sie eine Mischung aus Erzählung (Fakten), Beschreibung (Adjektive) und persönlicher Meinung benutzen.

▶11 SCHREIBEN

Schreiben Sie jetzt Ihren Tagebucheintrag zur Mauerbau.

- Wenn Sie wollen, können Sie das handschriftlich in einem Heft machen, um sozusagen ein „authentisches" Tagebuch zu produzieren.
- Benutzen Sie:

    Präsens

    Futur

    Vergangenheit

    Fakten

    Beschreibungen

    Adjektive

    persönliche Reaktionen

    Meinungsaussagen

ADVANCE MATERIALS: GUT LESEN, BESSER SCHREIBEN

▶12 BEARBEITEN

Wenn Sie Ihre Tagebücher geschrieben haben, tauschen Sie mit einem Partner.

- Lesen Sie das Tagebuch Ihres Partners/Ihrer Partnerin und schreiben Sie eine kurze Beurteilung, darunter:

    drei Punkte, die Sie gut gelungen finden

    drei konstruktive Verbesserungsvorschläge.

- Seien Sie fair in Ihrer Beurteilung! Schreiben Sie beispielsweise:

    Dieser Ausdruck passt hier gut hin.

    Diese Beschreibung ist interessant/spannened/…

    Dieser Absatz ist sprachlich besonders gut.

    Die Struktur des Artikels ist klar.

    Die Einleitung/Der Schluss ist besonders gut gelungen.

    Hier könntest du…

    Hier solltest du…

    usw.

▶13 FERTIG STELLEN

Wenn Sie Ihre eigene Arbeit mit den Verbesserungsvorschlägen zurückbekommen, ändern Sie Ihr Tagebuch entsprechend.

UNIT 7:
Biografie eines Großvaters

UNIT FRAMEWORK

Outcome	Writing a biographical account
Writing skill	Selecting information
Grammar/functional focus	Passive, imperfect
Audience	Peers
Preliminary grammar revision	Past, present and future tenses (use and formation); formation of the passive

TEXT FEATURES

This article examines the life of the grandfather of one of the authors, a man who grew up in nineteenth century Germany, lived through two world wars, and survived to bring up a family.

Biographical accounts like this one are notable for the following features.

- The use of the imperfect as a tense for both narration and description: *Das neue Jahrhundert **brach** mit vielen Hoffnungen und Wünschen an… 1914 **war** Friedrich 20 Jahre alt.*

- The use of dates and other indications of time to show the passage of events: *Als Besenbinder war Friedrich, nun **Mitte 20**, beruflich selbstständig… **Anfang der 30er** Jahre hatte Friedrich genug Geld gespart, um ein schönes großes Haus bauen zu lassen. **Sobald** das Haus fertig war, konnte er **1933** Katharina heiraten. **1934** wurde Sohn Albert Bernhard geboren, der das einzige Kind blieb.*

- The use of the passive voice to express the fact that things and events happened to him, rather than his having an active role. *Friedrich **wurde** nach kurzer Ausbildung mit seinen Kameraden in die Ukraine **geschickt**. Dort **wurde** er 1916 im Feindesfeuer **verwundet**.*

EINFÜHRUNG

Dieser Aufsatz beschreibt das Leben eines Großvaters, einem Mann, der Ende des neunzehnten Jahrhunderts geboren wurde, zwei Weltkriege überlebte und eine kleine Familie gründete. In diesem Text wird das Passiv oft gebraucht, um zu betonen, dass dem Großvater Dinge passiert sind, die er nicht aktiv beeinflussen konnte.

▶1 VORHERSAGEN

Aim: to prepare students for the reading comprehension by encouraging them to use their knowledge of the world and of history to predict what topics and vocabulary might come up in the text.

Students suggest elements that might appear in a biographical article of this type. You could build up a list on the white board, on an OHP or on an IAWB. The following topics might be suggested and others can be added as appropriate.

ADVANCE MATERIALS: GUT LESEN, BESSER SCHREIBEN

POSSIBLE ANSWER

- Geburtsdatum
- Informationen über die Familie
- Wohnort
- Kindheit
- Namen der Eltern
- Name der Schule
- Schulerfolg
- Militärdienst
- Ehe
- Arbeit
- Auslandsreisen
- Kinder
- Scheidung
- Unfälle
- Krankeit
- Erfolgreiche Zeit
- Alter
- Tod

▶2 LESEN

Students should read the text at least twice. They should discuss possible meanings of unknown words using the context to help them, before using reference material such as a dictionary or glossaries. All suggestions could be written on a whiteboard or IAWB. Students should then enter new words and expressions on a new vocabulary sheet (see page 199) under the headings below. Alternatively, you could print a cumulative version of their suggestions from the IAWB.

Textart: Biografie

Titel: Biografie eines Großvaters

CULTURAL NOTES

1. Otto von Bismarck (1815–1898) wurde 1862 preußischer Ministerpräsident. Er arbeitete zielbewusst auf eine Einigung Deutschlands hin. Sein Plan war, die Einigung Deutschlands unter der Vorherrschaft Preußens und ohne Österreich durchzuführen. Schritte auf dem Wege zur deutschen Einigung waren 1866 der Krieg zwischen Preußen und Österreich, 1867 die Gründung des Norddeutschen Bundes, 1870/71 der Deutsch-Französische Krieg. Am 18. Januar 1871 gründeten die deutschen Fürsten auf Bismarcks Druck hin das neue Deutsche Reich. Der König von Preußen (*1861, † 1888) wurde „Deutscher Kaiser" – Kaiser Wilhelm I.

2. Prinzession Victoria von England wurde mit Friedrich III, dem Sohn Kaiser Wilhelms des I verheiratet. Victoria war die älteste Tochter von Königin Victoria und Prinz Albert. Die englische Königin versuchte mit dieser Heirat einen positiven Einfluss auf die Politik in Deutschland zu haben. Kaiser Wilhelms Sohn Friedrich III folgte Wilhelm I für 99 Tage als Kaiser, dann bestieg sein Enkel, der 29jährige Wilhelm II den Thron. (Kaiser 1888–1918.)

3. 1912–1914 verstärkte Aufrüstung aller Mächte (Deutschland, Österreich, Italien, Russland, Frankreich, England, USA).

4. 1912 war politisch gesehen kein gutes Jahr für Deutschland. Verschiedene diplomatische Krisen führten mehrmals fast zum Krieg. Als dann im Sommer 1914 der österreichische Thronfolger, Erzherzog Ferdinand, und seine Frau bei einer Fahrt durch die Stadt Sarajewo ermordet wurden, war das für Deutschland eine Gelegenheit seine politischen Probleme durch einen Krieg zu verdecken. Am 1. August 1914 begann der Erste Weltkrieg.

Narrative/Recount

▶ 3 VERGLEICHEN

Aim: to focus students' attention on the vocabulary and themes which did come up in the article and to compare these with their own predictions.

Students now compare the list they compiled in Exercise 1 with the events and opinions mentioned in the text. If you have an electronic version of the original list, you could print copies for your students to use as a checklist and to which they could add further information. Alternatively, they can work with the lists they compiled in pairs.

▶ 4 FINDEN

Aim: to get students to identify typical phrases and structures which may be re-used later.

Students find phrases which will be useful to them for writing a biographical article and which can be recycled in other contexts.

ANSWER

My grandfather was born in 1895. *Mein Großvater wurde 1895… geboren.*

1	… my grandfather's mother was a housewife…	… die Mutter meines Großvaters, war Hausfrau…
2	Friedrich had seven other siblings…	*Friedrich hatte noch sieben Geschwister…*
3	Friedrich's childhood and youth…	*Die Kindheit und Jugend Friedrichs…*
4	Young Friedrich started school in 1901.	*Für den kleinen Friedrich brachte das Jahr 1901 den Schulanfang.*
5	He had to learn a new trade…	*Er musste einen neuen Beruf erlernen…*
6	As a broom-maker Friedrich, now in his mid-twenties, was professionally independent.	*Als Besenbinder war Friedrich, nun Mitte 20, beruflich selbstständig.*
7	At the beginning of the Thirties…	*Anfang der 30er Jahre…*
8	In 1934 his son… was born…	*1934 wurde sein Sohn… geboren…*
9	I remember Grandfather well…	*Ich erinnere mich gut an Großvater…*
10	I was 12 when my grandfather Friedrich… died.	*Ich war zwölf Jahre alt, als Großvater Friedrich… starb.*

▶ 5 ORDNEN

Aim: to give students practice in using topic-related vocabulary and synonyms/near synonyms to structure a summary of the text.

Students arrange the sentences given into chronological order. Some contain synonyms of words in the original text. Note that each sentence contains an example of use of the passive voice in the imperfect tense. Once this exercise has been done, ask students to spot what is common to each sentence (*wurde* + … past participle). Each of the examples here is in the third person singular of the imperfect. Explain that the passive voice often occurs in biographies because incidents and events happen to people, and they are thus 'passive recipients of blind fate'.

ADVANCE MATERIALS: GUT LESEN, BESSER SCHREIBEN

84 Narrative/Recount

▶ **ANSWER**

1 Deutschland wurde erst am Ende des neunzehnten Jahrhunderts vereinigt.
2 Friedrich Esser wurde 1895 geboren.
3 Er wurde acht Jahre lang in einer Dorfschule erzogen.
4 1914 wurde er zum Militärdienst eingezogen.
5 Er wurde 1916 in die Ukraine geschickt.
6 Da wurde er verwundet und als Kriegsblinder aus der Armee entlassen.
7 Er wurde daher in eine Blindenschule geschickt.
8 Die Besen, die er produzierte, wurden ihm in der Braunkohlenfabrik abgekauft.
9 1934 wurde sein Sohn Albert Bernhard geboren.
10 Während des Zweiten Weltkriegs wurden deutsche Städte von englischen Bombenflugzeugen angegriffen.
11 Daher wurde ein Luftschutzkeller im Garten gebaut.
12 Viele Häuser in Köln wurden zerstört.
13 Alberts Tanten, Onkel und Vettern wurden vom Bunker geschützt.

▶ 6 ÜBEN

Aim: to help students gain a better understanding of the formation and use of the passive voice.

Students complete sentences in the passive (imperfect form) using the sentence elements given. Remind them that verbs beginning with *ver-* and with a preposition *(unter-)* do not need *ge-* in the past participle. Students are given progressively less support through the exercise.

EXAMPLE

Friedrich – wurde – Norddeutschland – aufziehen

Friedrich wurde in Norddeutschland aufgezogen.

ANSWER

1 Friedrich wurde manchmal in der Schule gestraft.
2 Ihm wurde von seinen Geschwistern zu Hause geholfen.
3 Sein Lebenstraum wurde niemals verwirklicht.
4 Friedrich wurde nach Hause geschickt.
5 Er wurde zum Besenbinder ausgebildet.

▶ 7 ENTSCHEIDEN

Aim: to teach students the differences between narration and description.

Students examine the sentences given and decide whether each is a description or a narration. They classify them accordingly. They also underline verb forms in preparation for a closer examination of the elements of description and narration.

Once this exercise is done, ask students to pick out indicators which led them to the choice of description or narration. Indications of description include the verbs *sein* (*war*, *waren*) and *gehören* (*gehörte*). Time indicators for descriptions include *damals*, *nun mit 20* and *jetzt*. Indications of narration include the use of the passive (e.g. *wurde… geboren*), the use of the active imperfect (e.g. *half*), temporal

ADVANCE MATERIALS: GUT LESEN, BESSER SCHREIBEN

Narrative/Recount

expressions such as *in den folgenden sechs Jahren, 1934, 1943* and *nach dem Abzug der Amerikaner*. Note that the latter expressions could also introduce descriptions.

Exercise 8 serves as the basis for students to make up sentences using the passive in the imperfect.

Point out that any recount of this type will include a mixture of description and narration. The quality of the recount is very much dependent on the writer's ability to balance narrative, description and other elements such as authorial voice (e.g. *Ich erinnere mich gut an Großvater*).

ANSWER

1. In den folgenden sechs Jahren **half** Friedrich auf der Burg. (E)
2. Als Besenbinder **war** Friedrich, nun Mitte 20, selbstständig. (B)
3. 1934 **wurde** Sohn Albert Bernhard **geboren**. (E)
4. 1943 **wurde** im Garten des Hauses in Blessem ein Bunker **gebaut**. (E)
5. Nach dem Abzug der Amerikaner **zogen** viele Verwandte in Großvaters Haus **ein**. (E)
6. Jetzt **war** es in dem Hause sehr eng **geworden**. (B)
7. Alle **waren** froh, diesen schrecklichen Krieg überlebt zu haben. (B)

▶ 8 FINDEN

Aim: to increase students' stock of temporal expressions useful for narration.

Students search the text to find which of the English temporal expressions given have German equivalents in the text. They then work in pairs to see if they can find translations for the expressions not in the text.

ANSWER (EXPRESSIONS IN THE TEXT)

then	*damals*
today	*heute*
for the first time	*zum ersten Mal*
for eight years	*acht Jahre lang*
in the six years that followed	*in den folgenden sechs Jahren*
at first	*zuerst*
later	*später*
after	*nach*
soon	*bald*
now	*nun*
once a month	*einmal im Monat*
at the beginning of the Thirties	*Anfang der 30er Jahre*
as soon as	*sobald*
during	*während*
every evening	*jeden Abend*
for two months	*für zwei Monate*
now	*jetzt*

ADVANCE MATERIALS: GUT LESEN, BESSER SCHREIBEN

ANSWER (EXPRESSIONS NOT IN THE TEXT)

yesterday	*gestern*
the day before yesterday	*vorgestern*
finally	*endlich*
before	*vorher*
never	*nie, niemals*
lastly	*zuletzt*

▶9 RECHERCHIEREN

Aim: to get students to research facts relating to the life of a chosen person and make an appropriate selection of information.

In pairs, students research a person of their choice. This could be an historical figure or a current pop idol or film star. They can use the Internet or the library for their research. The members of the pairs put their information together and choose the information they want to use from their joint findings. They then discuss what the content of their article will be. The purpose of this exercise is to prepare for the writing task in Exercise 10.

The lists from Exercises 1 and 3 of this unit should give students an idea of the items of information they need about a person in order to write a biographical account.

▶10 SCHREIBEN

Aim: to help students use their knowledge of narration and description to structure an article.

Each pair now drafts their own article. They should ensure that they use both descriptive and recount elements. They should also use the passive, e.g. *wurde… geboren*. They should aim to make their article interesting and exciting.

▶11 BEARBEITEN

Aim: to encourage students to use their judgement critically and constructively.

Students now exchange their article with another group, who read it through and make any corrections they find. Each group is free to make suggestions for improvement. Students should also point out at least three things that the other group has done well. Some phrases are listed to help students. See also the list on page 106 or 113.

▶12 FERTIG STELLEN

Aim: to get students to use their judgement and editing skills to produce an article in an appropriate format.

Students receive their article back from the other group. They correct any mistakes which have been noted and decide whether to incorporate any changes suggested. They then write a fair copy, preferably using a desktop publishing package. They can download images from the Internet or scan pictures from other sources, e.g. magazines. The finished product should then be printed and distributed or e-mailed to the other groups for reading.

UNIT 7:
Biografie eines Großvaters

▶1 VORHERSAGEN

Arbeiten Sie mit Ihrem Partner/Ihrer Partnerin, oder in einer kleinen Gruppe. Welche Punkte würden Sie in der Biografie eines Großvaters finden? Führen Sie diese Liste fort.

- Geburtsdatum
- Informationen über die Familie
- Wohnort
- usw.

▶2 LESEN

Arbeiten Sie mit Ihrem Partner/Ihrer Partnerin.

- Lesen Sie mindestens zweimal den folgenden Text.
- Suchen Sie in einem Wörterbuch die Wörter und Ausdrücke, die Ihnen unbekannt sind. Sie könnten mit Ihrem Partner/Ihrer Partnerin arbeiten und den Sinn von unbekannten Wörtern besprechen.
- Tragen Sie neue Wörter und Ausdrücke auf ein neues Vokabelblatt ein.

Großvater

Mein Großvater wurde 1895 im Dorf Blessem, 20km südlich von Köln, geboren und nach seinem Patenonkel auf den Namen Friedrich getauft. Sein Vater, Bernhard Esser, war der Meisterknecht auf Burg Blessem. Die Burg gehörte damals schon und gehört heute noch der Familie Osteritz, einer reichen Bürgerfamilie aus Köln. Anna Esser, die Mutter meines Großvaters, war Hausfrau und stammte, wie ihr Mann, aus einer Arbeiterfamilie. Friedrich hatte noch sieben Geschwister, drei Schwestern und vier Brüder, von denen einer schon im Kindesalter an Diphtherie starb.

Die Kindheit und Jugend Friedrichs fielen in eine bewegte Zeit der Geschichte. Deutschland war erst 1871 unter Bismarck zum ersten Mal vereinigt worden und Kaiser Wilhelm I herrschte über das neue Reich. Das neue Jahrhundert brach mit vielen Hoffnungen und Wünschen an - noch gab es keinen Hinweis darauf, dass innerhalb der nächsten 50 Jahre zwei verheerende

Weltkriege Millionen an Menschenopfern fordern würden.

Für den kleinen Friedrich brachte das Jahr 1901 den Schulanfang. Acht Jahre lang wurde er in der kleinen Dorfschule in Blessem unterrichtet. Als er mit 14 aus der Schule kam, wollte er Lokomotivführer werden. Leider wurde sein Berufswunsch nie verwirklicht. In den folgenden sechs Jahren half Friedrich zuerst auf der Burg in der Landwirtschaft und später arbeitete er im Braunkohlentagebau, nur wenige Kilometer vom Heimatdorf entfernt.

1914 war Friedrich 20 Jahre alt. Der Erste Weltkrieg brach aus und alle jungen Männer wurden zum Kriegsdienst eingezogen. Friedrich wurde nach kurzer Ausbildung mit seinen Kameraden in die Ukraine geschickt. Dort wurde er 1916 im Feindesfeuer verwundet und verlor seine Augen. Nach einem langen Aufenthalt im Lazarett wurde Friedrich als Kriegsblinder aus der Armee und nach Hause entlassen.

Großvater und sein Hund Axel

Friedrich musste sich nun an ein ganz anderes Leben gewöhnen – ein Leben ohne Augenlicht. Bald nach seiner Rückkehr ins heimatliche Dorf, wurde er auf die Blindenschule in Düren geschickt. Dort lernte er Braille, damit er wieder lesen und schreiben konnte. Außerdem wurde ihm dort gezeigt, wie er mit seiner neuen Lage zurechtkommen konnte. Er musste einen neuen Beruf erlernen, einen, den er auch als Blinder ausüben konnte: Besen binden. In der Blindenschule lernte Friedrich auch mit Blindenhunden umzugehen, damit er sich auch außerhalb des Hauses im Dorf und der Umgebung selbstständig bewegen konnte.

Als Besenbinder war Friedrich, nun Mitte 20, beruflich selbstständig. Er wohnte zu Hause bei den Eltern und arbeitete in seiner Werkstatt, wo er tagaus tagein Besen produzierte. Einmal im Monat brachte Friedrich die Besen in einem Handwagen 3 Kilometer weit zur Braunkohlenfabrik, wo sie ihm abgekauft wurden.

Anfang der 30er Jahre hatte Friedrich genug Geld gespart, um ein schönes großes Haus bauen zu lassen. Sobald das Haus fertig war, konnte er 1933 Katharina heiraten. Er hatte sie kennen gelernt, weil sie oft aus Köln aufs Land gekommen war, um dort ihre Verwandten zu besuchen. 1934 wurde Sohn Albert Bernhard geboren, der das einzige Kind blieb.

1939 begann der Zweite Weltkrieg. Während der ersten Kriegsjahre flüchtete die kleine Familie im Sommer oft ins Sauerland, um vor den Fliegerangriffen nahe der Großstadt Köln sicher zu sein. Später mietete man ein Zimmer in der Bergbausiedlung Liblar, nahe dem öffentlichen Bunker. Jeden Abend fuhren Friedrich, Katharina und Albert mit dem Zug von ihrem Haus in Blessem nach Liblar, um in der Nähe des Bunkers sicherer zu sein.

1943 wurde dann im Garten des Hauses in Blessem ein Bunker gebaut, der von mehreren Familien gemeinsam finanziert wurde. Nach dem Sieg der Alliierten, fanden 1945 amerikanische Soldaten Friedrich, seine Familie und Nachbarn in diesem Bunker. Für zwei Monate mussten Friedrich, Katharina und Albert zu Verwandten ziehen, weil amerikanische Offiziere das Haus beschlagnahmt hatten, um dort für die Dauer der Besatzung des Dorfes zu wohnen. Nach dem

Abzug der Amerikaner zogen viele Verwandte, deren Häuser in Köln von den Bomben zerstört worden waren, in das Haus meines Großvaters ein. Jetzt war es in dem großen Haus sehr eng geworden, aber alle waren froh, diesen zweiten schrecklichen Krieg überlebt zu haben.

Ich erinnere mich gut an Großvater und wie er bis kurz vor seinem Tod im Jahre 1977 in seiner Werkstatt im Hof Besen hergestellt hat. Es war Weihachten und die ganze Familie war zu Hause um ihn versammelt.

Ich war zwölf Jahre alt, als Großvater Friedrich am 26. Dezember nach einem langen, arbeitsreichen und zeitweise stürmischen Leben und kurzer Krankheit starb.

Patenonkel	Godfather. (*Paten* – godparents). In days gone by, godparents played a very important role, since if the child's parents died the godparents would take him or her in and raise him/her.
Braunkohlentagebau	Open-cast coal mine

Großvater (ganz links) nach dem Ende des Ersten Weldkrieges. Hier macht er mit befreundeten Kriegsblinden Musik.

ADVANCE MATERIALS: GUT LESEN, BESSER SCHREIBEN

Narrative/Recount

▶3 VERGLEICHEN

Arbeiten Sie mit den Leuten, mit denen Sie auch Aufgabe 1 gemacht haben.

- Vergleichen Sie die Ergebnisse Ihrer Besprechung aus Aufgabe 1 mit dem Text selbst.
- Was hatten Sie richtig vorhergesagt?
- Woran hatten Sie nicht gedacht?

▶4 FINDEN

Arbeiten Sie alleine.

- Finden Sie die deutschen Entsprechungen für die folgenden Ausdrücke im Text.

BEISPIEL

My grandfather was born in 1895. Mein Großvater wurde 1895... geboren.

1 ... my grandfather's mother was a housewife...
2 Friedrich had seven other siblings...
3 Friedrich's childhood and youth...
4 Young Friedrich started school in 1901.
5 He had to learn a new trade ...
6 As a broom-maker Friedrich, now in his mid-twenties, was professionally independent.
7 At the beginning of the Thirties...
8 In 1934 his son... was born...
9 I remember Grandfather well...
10 I was 12 when my grandfather Friedrich died...

▶5 ORDNEN

Arbeiten Sie mit Ihrem Partner/Ihrer Partnerin.

- Stellen Sie die Ordnung der folgenden Ereignisse in Friedrich Essers Leben fest.
- Was haben alle diese Sätze grammatikalisch gesehen gemeinsam?

Er wurde acht Jahre lang in einer Dorfschule erzogen.

Während des Zweiten Weltkriegs wurden deutsche Städte von englischen Bombenflugzeugen angegriffen.

1914 wurde er zum Militärdienst eingezogen.

Deutschland wurde erst am Ende des neunzehnten Jahrhunderts vereinigt.

Daher wurde ein Luftschutzkeller im Garten gebaut.

Friedrich Esser wurde 1895 geboren.

Alberts Tanten, Onkel und Vettern wurden vom Bunker geschützt.

Da wurde er verwundet und als Kriegsblinder aus der Armee entlassen.

Die Besen, die er produzierte, wurden ihm in der Braunkohlenfabrik abgekauft.

1934 wurde sein Sohn Albert Bernhard geboren.

ADVANCE MATERIALS: GUT LESEN, BESSER SCHREIBEN

Viele Häuser in Köln wurden zerstört.

Er wurde daher in eine Blindenschule geschickt.

Er wurde 1916 in die Ukraine geschickt.

►6 ÜBEN

Arbeiten Sie alleine oder mit Ihrem Partner/Ihrer Partnerin.

- Üben Sie nun das Passiv.
- Schreiben Sie die Sätze so, wie im Beispiel gezeigt.

BEISPIEL

Friedrich – wurde – Norddeutschland – aufziehen

Friedrich wurde in Norddeutschland aufgezogen.

1 Friedrich – wurde – manchmal – Schule – strafen.
2 Ihm – wurde – Geschwistern – zu Hause – helfen.
3 Sein Lebenstraum – wurde – niemals – verwirklichen
4 Friedrich – w_____ – nach Hause – schicken.
5 Er – w_____ – zum Besenbinder – ausbilden.

►7 ENTSCHEIDEN

Arbeiten Sie alleine oder zu zweit.

- Sind die folgenden Sätze Beschreibung oder Erzählung?
- Schreiben Sie B (Beschreibung) oder E (Erzählung) hinter die Sätze.
- Unterstreichen Sie auch in allen Sätzen die Verbformen.

BEISPIEL

Mein Großvater **wurde** 1895 im Dorf Blessem, 20km südlich von Köln, **geboren**. (E)

Die Burg **gehörte** damals schon und heute noch der Familie Osteritz. (B)

1 In den folgenden sechs Jahren half Friedrich auf der Burg.
2 Als Besenbinder war Friedrich, nun Mitte 20, selbstständig.
3 1934 wurde Sohn Albert Bernhard geboren.
4 1943 wurde im Garten des Hauses in Blessem ein Bunker gebaut.
5 Nach dem Abzug der Amerikaner zogen viele Verwandte in Großvaters Haus ein.
6 Jetzt war es in dem Hause sehr eng geworden.
7 Alle waren froh, diesen schrecklichen Krieg überlebt zu haben.

►8 FINDEN

Arbeiten Sie zuerst alleine und dann zu zweit.

- Lesen Sie die folgende Liste mit englischen Zeitangaben durch.
- Einige deutsche Entsprechungen dieser Ausdrücke werden im Text benutzt. Suchen Sie diese und schreiben Sie sie neben die englische Version.

- Wie kann man die restlichen englischen Zeitangaben auf der Liste ins Deutsche übersetzen? Diskutieren Sie diese Frage mit Ihrem Partner/Ihrer Partnerin.

BEISPIEL

then – *damals*

today	yesterday
for the first time	the day before yesterday
in the six years that followed	for eight years
finally	at first
after	later
soon	before
once a month	now
as soon as	at the beginning of the Thirties
during	never
for two months	every evening
lastly	now

▶ 9 RECHERCHIEREN

Am Ende dieser Einheit sollen Sie selber eine Biografie über eine bekannte Persönlichkeit schreiben. Arbeiten Sie jetzt wieder mit Ihrem Partner/Ihrer Partnerin.

- Forschen Sie im Internet oder in der Bibliothek nach Informationen über solch eine Person.
- Wenn Sie alle Informationen zusammengebracht haben, besprechen Sie den Inhalt Ihres biografischen Artikels. Welche Informationen, die Sie gefunden haben, sollen benutzt werden? Was kann man auslassen?

▶ 10 SCHREIBEN

Schreiben Sie jetzt einen Entwurf des Artikels. Arbeiten Sie mit Ihrem Partner/Ihrer Partnerin.

- Benutzen Sie Erzählelemente und Beschreibungen.
- Vergessen Sie nicht das Passiv zu benutzen (z.B. *wurde… geboren*). Ihr Text soll spannend und interessant sein! Benutzen Sie auch viele Adjektive.

▶ 11 BEARBEITEN

Wenn Ihr Entwurf fertig ist, tauschen Sie ihn mit einer anderen Gruppe.

- Korrigieren Sie jetzt die Fehler, die Sie im Text der anderen Gruppe finden können.
- Schlagen Sie Änderungen vor, wenn Sie wollen. Beispielsweise:

    Dieser Ausdruck geht nicht.

    Wir verstehen das nicht.

    Es wäre besser, „X" zu benutzen.

    Dieser Absatz sollte nicht hier sein.

ADVANCE MATERIALS: GUT LESEN, BESSER SCHREIBEN

usw.

- Sagen Sie auch mindestens drei Sachen, die Ihnen am Artikel der anderen Schüler gefallen haben. Beispielsweise:

    Dieser Ausdruck passt hier gut hin.

    Diese Beschreibung ist interessant/spannend/…

    Dieser Absatz ist besonders deutlich.

    Die Struktur des Artikels ist klar.

    Die Einleitung/Der Schluss ist besonders gut gelungen.

    usw.

▶12 FERTIG STELLEN

Arbeiten Sie jetzt alleine. Sie brauchen eine Kopie ihres Entwurfes, den Sie zu zweit geschrieben haben.

- Korrigieren Sie die Fehler, die in Ihrem Text gefunden worden sind.
- Schreiben Sie jetzt auf dem Computer eine endgültige Version.
- Illustrieren Sie ihren Artikel mit Bildern, die Sie im Internet gefunden haben, oder die Sie aus einer Zeitschrift gescannt haben.
- Das Endprodukt soll für die anderen Schüler ausgedruckt werden oder als E-Mail zu den anderen Gruppen geschickt werden.

94 Descriptive/Informative

UNIT 8: Wie verhindert man zu viel Stress?

UNIT FRAMEWORK

Outcome	Writing about a problem and providing a solution
Writing skill	Writing explanations and solutions
Grammar/functional focus	Imperative; adjectives; adverbs
Audience	Teenage magazine readers
Preliminary grammar revision	Modal verbs

TEXT FEATURES

This unit examines a typical magazine article of the problem–solution variety. Students will be familiar with this type of article from their own reading in English (and, one hopes, German!). Like the agony aunt letter (Unit 4), the writer uses a very clear structure and attention is drawn to this structure in order to enable students to write a similar article of their own. The structure of the text is as follows.

- Title question.
- General information about the problem.
- Results of survey listing principal factors.
- Question aimed at solving problem.
- A series of tips.

Note that there is no conclusion. The conclusion is understood: 'If you follow these tips you will avoid stress.'

An important feature of such texts is the use of modal verbs (*darf, muss, könnte*, etc.) and, in the solution, some use of the imperative (*Stehen Sie… auf*). The modals express the writer's attitude towards the reader (friendly, concerned, giving permission and advice) and the imperatives give firm guidance on solving the problem.

EINFÜHRUNG

Sie werden jetzt einen Artikel lesen, in dem man den Lesern Ratschläge zum Thema Stress gibt. Es handelt sich hier um einen typischen Zeitschriftenartikel. Denken Sie während des Lesens über die Struktur nach. Wie hat der Autor alles organisiert? Wann gibt er Ratschläge und wann gibt er Definitionen? Benutzt er Fragen und gibt er Antworten?

▶1 VORHERSAGEN

Aim: to prepare students for the reading comprehension by encouraging them to use their knowledge of the world to predict what themes might come up in a text of this type.

Students predict the sort of themes which might come up. This may involve dictionary work when they want to use a word but don't know the German for it. This should be encouraged, as the satisfaction of finding a word helps to store it in the long-term memory. You could build up a list on the white board, on an OHP or on an IAWB. The following themes might be suggested and others can be added as appropriate.

ADVANCE MATERIALS: GUT LESEN, BESSER SCHREIBEN

Descriptive/Informative

POSSIBLE ANSWER

Zeit	Liebesprobleme
Arbeit	Sexualität
Schlaflosigkeit	Geld
Druck	sich ausruhen
Eltern	spazieren gehen
Schule	Arzt
Prüfungen	usw.

▶ 2 LESEN

Students should read the text at least twice. They should discuss possible meanings of unknown words using the context to help them, before using reference material such as a dictionary or glossaries. All suggestions could be written on a whiteboard or IAWB. Students should then enter new words and expressions on a new vocabulary sheet (see page 199) under the headings below. Alternatively, you could print a cumulative version of their suggestions from the IAWB.

Textart: Informativ

Titel: Wie verhindert man zu viel Stress?

▶ 3 VERGLEICHEN

Aim: to focus students' attention on the vocabulary and themes which did come up in the article and to compare these with their own predictions.

Students now compare the list that they compiled in Exercise 1 with the themes and vocabulary mentioned in the text. If you have an electronic version of the original list, you could print copies for your students to use as a checklist and to which they could add further information. Alternatively, they can work with the lists they compiled in pairs.

For purposes of differentiation, more advanced students might explain why they have included certain themes and omitted others. This gives them the opportunity to practise the use of explanatory and justificatory constructions using *denn* and *weil*.

▶ 4 ENTSCHEIDEN

Aim: to increase students' understanding of the ways in which positive and negative advice are expressed.

Students decide whether the expressions listed are giving positive advice (i.e. advice to do something) or negative advice (i.e. advice not to do something). Draw attention to the imperative forms used (e.g. *Machen Sie…*), the modal *sollen* (*Man sollte…*) and the tentative advice given through the use of the subjunctive of *können* (*Man könnte…*).

Note: Draw students' attention to the instruction *Schreiben Sie die Punkte auf die richtige Seite der Tabelle*. The expression *die richtige Seite*, of course means 'the correct side', not 'the right-hand side' (*die rechte Seite*).

ADVANCE MATERIALS: GUT LESEN, BESSER SCHREIBEN

Descriptive/Informative

ANSWER

für	gegen
Man sollte morgens eine Viertelstunde früher aufstehen…	**Erledigen Sie nicht** mehrere Dinge gleichzeitig…
Nehmen Sie sich die Zeit für ein Mittagessen.	**Man darf** seine Freunde **nicht** vernachlässigen.
Man könnte kurz spazieren gehen – am besten im Grünen…	
Fahren Sie mit dem Bus…	

▶ 5 NACHDENKEN

Aim: to help students become more aware of the ways in which words are related to each other.

Students now complete the table, finding words that are related to those given. This kind of research is important in creating networks of association in the mind of the learner. If you have the time, it would be useful to do this exercise as a class, and without letting students use dictionaries. Encourage them to try to work out what the missing words might be using their existing (and sometimes unconscious) knowledge of the way that words relate to each other (by prefixation, suffixation, etc.). As they come up with possible answers, you can talk about the way, for instance, that verbs can be formed directly from nouns (e.g. *der Stress: stressen*) or from adjectives (*ruhig: beruhigen*).

ANSWER

Nomen	Verb	Adjektiv
die Ruhe	beruhigen	ruhig
die Herausforderung	herausfordern	herausgefordert
der Stress	stressen	gestresst, stressig
die Arbeit	arbeiten	arbeitsam
der Verlust	verlieren	verloren
das Problem	problematisieren	problematisch, problemlos
der Anfang	anfangen	anfänglich, angefangen

▶ 6 ERGÄNZEN

Aim: to give students practice in re-using the new vocabulary that they learnt in the previous exercise in sentences.

Students now re-use words from the table in Exercise 5. Point out that there are grammatical indicators in some cases which narrow down the choice of word class which must follow, e.g. *eine* _____ means that only a noun can follow, and so the answer should be selected from the noun column.

ANSWER

1 Jeden Tag zur Arbeit oder in die Schule zu gehen ist eine **Herausforderung**.

2 Wenn man zu viel arbeitet, fühlt man sich immer **gestresst**.

3 Wenn man Geld verdienen will, muss man **arbeiten**.

4 Den Job zu **verlieren** verursacht Stress.

ADVANCE MATERIALS: GUT LESEN, BESSER SCHREIBEN

5   Es kann **problematisch** sein, wenn man zu viel Stress hat.

6   Der **Anfang** vom Stress ist die Schlaflosigkeit.

▶ 7 ZUORDNEN

Aim: to get students to use their logical skills in matching sense groups in order to become familiar with the word order in subordinate clauses.

Students link together pairs of half-sentences which make logical sense in the context of stress. When they have done this, discuss with them the fact that each of the sentences is in the imperative form. Point out that using the imperative is one way of giving advice in German. They will be able to use it later in this unit.

ANSWER

Gehen Sie früh ins Bett, *weil man acht Stunden Schlaf braucht.*

Stehen Sie früh auf, *weil Sie so viel besser den Tag überleben können.*

Trinken Sie keinen Kaffee, *weil Koffein Herzklopfen verursacht.*

Essen Sie Honig, *weil er weniger Zucker als Marmelade enthält.*

Sehen Sie nicht zu viel fern, *weil das Gehirn davon gestresst wird.*

Gehen Sie spazieren, *weil Bewegung gut gegen Stress ist.*

▶ 8 UMSCHREIBEN

Aim: to teach students more about irregular imperatives through the transformation of address forms.

Students transform the pieces of advice using the imperative form. Remind them that this will involve dropping the modal verb, turning the infinitive given into the *Sie* form and changing the word order, as in the example. Forms with *man* will also involve the change of the possessive form from *sein* to *Ihr*.

ANSWER

1   Stehen Sie morgens eine Viertelstunde früher auf.

2   Gehen Sie jeden Tag spazieren.

3   Erledigen Sie nicht mehrere Dinge gleichzeitig, denn das macht hektisch.

4   Vernachlässigen Sie Ihre Freunde nicht, um mehr arbeiten zu können.

5   Fahren Sie mit Bus, Bahn oder Fahrrad zur Schule oder zur Arbeit, weil Sie so Stress im Stau vermeiden können.

POSSIBLE ANSWERS

Teilen Sie sich Ihre Zeit gut ein.

Machen Sie Joga oder andere Entspannungsübungen.

▶ 9 VORBEREITEN

Aim: to get students to start focusing on a new, but related topic.

Students now work with a partner to discuss the related problem of insomnia. They consider causes and possible soloutions.

98 Descriptive/Informative

POSSIBLE ANSWER

Ursachen	Lösung des Problems	Rangordnung
Ärger mit den Eltern	Sprechen Sie mit den Eltern./Man sollte mit den Eltern sprechen.	
Stress in der Schule	Man könnte mit Eltern und Lehrern sprechen./Sprechen Sie...	
Probleme mit dem Freund/der Freundin	Man sollte mit seinem besten Freund/seiner besten Freundin darüber reden./Reden Sie...	
Krankheit	Gehen Sie zum Arzt./Man sollte zum Arzt gehen.	
Schwangerschaft	Sprechen Sie mit Ihrem Freund und einer Vertrauensperson, z.B. einem Lehrer, einer Freundin, Ihrer Tante, Ihrer Oma...	
Sie werden schikaniert	Reden Sie mit Ihren Eltern und einem Lehrer.	
Freizeitstress	Man sollte nur noch tun, was einem gefällt/Freude macht.	

Once they have drawn up a list, they decide on the rank order of the causes, starting with the most prominent and working down to the least important.

More advanced students could be asked to justify their choices in an ensuing discussion. This would give the opportunity to use comparisons and superlatives (*Das ist wichtiger...*; *Das schwierigste Problem...*) and to use the conjunction *weil* when giving explanations.

▶10 SCHREIBEN

Aim: to help students become more aware of the rhetorical structure of texts of this type.

Before students begin work on their article, it is important to examine the structure of the example article from Exercise 2, as this is typical of the problem–solution format of texts such as this. The structure is explained under Text features.

The students should follow the pattern of the article. You could draw attention to the graphic conventions that are used to divide up the text, e.g. title in bold, bullet points, white space between sections.

Once the text has been drafted, layout and graphics should be considered. Might a photo or a cartoon be an appropriate addition?

ADVANCE MATERIALS: GUT LESEN, BESSER SCHREIBEN

UNIT 8: Wie verhindert man zu viel Stress?

▶1 VORHERSAGEN

Arbeiten Sie zu zweit oder in einer kleinen Gruppe.

- Welche Themen könnte man in einem Artikel über Stress besprechen?
- Machen Sie eine Liste.

▶2 LESEN

Arbeiten Sie zu zweit.

- Lesen Sie den folgenden Text mindestens zweimal.
- Suchen Sie in einem Wörterbuch die Wörter und Ausdrücke, die Ihnen unbekannt sind oder besprechen Sie den Sinn von unbekannten Wörtern mit Ihrem Partner/Ihrer Partnerin.
- Tragen Sie diese Wörter und Ausdrücke auf ein neues Vokabelblatt ein.

WIE VERHINDERT MAN ZU VIEL STRESS?

Zu viel Stress und permanenter Druck sind ungesund. Der größte Stressfaktor heutzutage ist, dass wir zu wenig Zeit haben, alles zu schaffen, was erledigt werden muss. Aber auf der anderen Seite darf man nicht vergessen, dass Stress nicht immer schlecht ist, denn er hilft uns oft, Herausforderungen in der Schule, bei der Arbeit und auch in unserem Privatleben zu bestehen.

Laut einer Umfrage leiden in Deutschland fast die Hälfte aller Befragten an Stress. Gründe:

- Zeit- und Termindruck
- zu viel Arbeit
- Doppelbelastung durch Haushalt und Beruf
- familiäre Probleme
- Partnerschaftsprobleme und Liebeskummer
- Angst, bei schwierigen Aufgaben zu versagen
- Angst, den Job zu verlieren

ADVANCE MATERIALS: GUT LESEN, BESSER SCHREIBEN

- Überforderung in der Schule und an der Universität.

Selbst die Jüngsten unter den befragten Schülern und Studenten klagten über Stress durch Zeit- oder Termindruck und über die Hälfte fühlen sich in Schule oder Universität überfordert.

Wie kann man Stress also kontrollieren? Hier einige Tipps zum richtigen Entspannen:

- Morgens eine Viertelstunde früher aufstehen, denn wer sich morgens nicht sofort abhetzen muss, sondern in Ruhe frühstücken kann, kommt gelassener durch den Tag.
- Nehmen Sie sich die Zeit für ein Mittagessen. Ein hastig bei der Arbeit gegessener Imbiss liegt schwer im Magen. Wer aber in Ruhe isst, bekommt neue Kraft.
- Man könnte kurz spazieren gehen – am besten im Grünen, weil das die Sinne beruhigt und den Körper entspannt. Außerdem kann man danach Probleme besser lösen.
- Erledigen Sie nicht mehrere Dinge gleichzeitig, denn das macht hektisch. Beenden Sie eine Aufgabe, bevor Sie eine neue anfangen.
- Man darf seine Freunde nicht vernachlässigen, um mehr arbeiten zu können. Wissenschaftler haben festgestellt, dass positive soziale Beziehungen ein wichtiger Anti-Stressfaktor sind.
- Fahren Sie mit Bus, Bahn oder Fahrrad zur Schule oder zur Arbeit, weil Sie so Stress im Stau vermeiden können.

▶ 3 VERGLEICHEN

Vergleichen Sie die Ergebnisse Ihrer Besprechung aus Aufgabe 1 mit dem Text selbst.

- Was hatten Sie richtig vorhergesagt?
- Hat der Autor über Dinge geschrieben, an die Sie nicht gedacht hatten?

▶ 4 ENTSCHEIDEN

Arbeiten Sie zu zweit.

- Man kann Ratschläge positiv oder negativ ausdrücken. Sind die folgenden Ratschläge für oder gegen eine besondere Aktivität, d.h. sagen sie, was man tun sollte, oder was man nicht tun sollte?
- Schreiben Sie die Punkte auf die richtige Seite der Tabelle.

Man sollte morgens eine Viertelstunde früher aufstehen…

Erledigen Sie nicht mehrere Dinge gleichzeitig…

Nehmen Sie sich die Zeit für ein Mittagessen.

Man könnte kurz spazieren gehen – am besten im Grünen…

Man darf seine Freunde nicht vernachlässigen.

Fahren Sie mit dem Bus…

für	gegen
Man sollte…	

▶ 5 NACHDENKEN

Arbeiten Sie jetzt alleine.

- Ableitungen von Nomen, Verben und Adjektiven helfen Ihnen Ihren Wortschatz zu erweitern. Finden Sie die fehlenden Wörter in der Tabelle, die mit dem vorgegebenen Wort verwandt sind.
- Füllen Sie die Tabelle aus. Manchmal gibt es mehr als eine Möglichkeit. Die erste Reihe ist schon vorgegeben.

Nomen	Verb	Adjektiv
die Ruhe	beruhigen	ruhig
die		herausgefordert
der	stressen	
die		arbeitsam
der	verlieren	
das Problem		
der Anfang		

▶ 6 ERGÄNZEN

Arbeiten Sie wieder alleine.

- Benutzen Sie Wörter aus der Tabelle in Aufgabe 5, um die folgenden Sätze zu ergänzen.

BEISPIEL

Man sollte in jeder Situation <u>ruhig</u> bleiben.

1. Jeden Tag zur Arbeit oder in die Schule zu gehen ist eine _____.
2. Wenn man zu viel arbeitet, fühlt man sich immer _____.
3. Wenn man Geld verdienen will, muss man _____.
4. Den Job zu _____ verursacht Stress.
5. Es kann _____ sein, wenn man zu viel Stress hat.
6. Der _____ vom Stress ist die Schlaflosigkeit.

▶7 ZUORDNEN

Auch hier ist es sinnvoll, alleine zu arbeiten.

- Hier sind einige Ratschläge, die bei Stress helfen. Verbinden Sie die passenden Satzhälften, wie im Beispiel gezeigt.
- Was haben alle diese Sätze grammatikalisch gesehen gemeinsam?

BEISPIEL

Gehen Sie früh ins Bett, weil man acht Stunden Schlaf braucht.

Gehen Sie früh ins Bett,…	*weil Koffein Herzklopfen verursacht.*
Stehen Sie früh auf,…	*weil er weniger Zucker als Marmelade enthält.*
Trinken Sie keinen Kaffee,…	*weil das Gehirn davon gestresst wird.*
Essen Sie Honig,…	*weil Sie so viel besser den Tag überleben können.*
Sehen Sie nicht zu viel fern,…	*weil Bewegung gut gegen Stress ist.*
Gehen Sie spazieren,…	*weil man acht Stunden Schlaf braucht.*

▶8 UMSCHREIBEN

Arbeiten Sie alleine oder zu zweit.

- Schreiben Sie die folgenden Sätze wie im Beispiel um. Sie werden so Imperative wie in Aufgabe 7 benutzen.
- Schreiben Sie dann noch mindestens zwei eigene Beispiele.

BEISPIEL

Sie sollten sich die Zeit für ein Mittagessen nehmen.

→ Nehmen Sie sich die Zeit für ein Mittagessen.

1 Man sollte morgens eine Viertelstunde früher aufstehen.
2 Sie müssen jeden Tag spazieren gehen.
3 Man sollte nicht mehrere Dinge gleichzeitig erledigen, denn das macht hektisch.
4 Man darf seine Freunde nicht vernachlässigen, um mehr arbeiten zu können.
5 Sie sollten mit Bus, Bahn oder Fahrrad zur Schule oder zur Arbeit fahren, weil Sie so Stress im Stau vermeiden können.

▶9 VORBEREITEN

Arbeiten Sie zu zweit.

- Besprechen Sie das Thema Schlaflosigkeit. Was verursacht Schlaflosigkeit? Wie kann man dieses Problem lösen?
- Machen Sie eine Liste, wie im Beispiel.
- Wenn Sie mit Ihrer Liste fertig sind, bringen Sie sie in eine Rangordnung nach Wichtigkeit. Fangen Sie mit dem wichtigsten Punkt an.

ADVANCE MATERIALS: GUT LESEN, BESSER SCHREIBEN

BEISPIEL

Ursachen	Lösung des Problems	Rangordnung
Ärger mit den Eltern	Sprechen Sie mit den Eltern.	
	Man könnte...	
	Man sollte...	
▼	▼	▼

▶10 SCHREIBEN

Arbeiten Sie alleine. Schreiben Sie jetzt einen kurzen Artikel über die Gründe für Schlaflosigkeit und wie man sie beheben kann.

- Schreiben Sie ungefähr 200–250 Wörter.
- Benutzen Sie die Struktur des Artikels über Stress:

    eine Überschrift mit einer Frage

    eine kurze Beschreibung des Problems

    ein Absatz über die Gründe für Schlaflosigkeit

    ein Absatz mit Vorschlägen, wie man Schlaflosigkeit verhindern kann.

- Benutzen Sie auch Modalverben (*Man sollte/könnte/müsste...*) und Imperative (*Sprechen Sie mit den Eltern*).

ADVANCE MATERIALS: GUT LESEN, BESSER SCHREIBEN

Descriptive/Informative

UNIT 9:
Ist Usedom eine Reise wert?

UNIT FRAMEWORK

Outcome	Writing a descriptive essay of a geographical region, which may persuade tourists to visit
Writing skill	Organising text into sections/paragraphs
Grammar/functional focus	Present tense (generic)
Audience	Peers, teachers, examiners
Preliminary grammar revision	Attributive vs predicative adjectives

TEXT FEATURES

In this unit, students read a model essay which is a description of a geographical area, in this case, the holiday island of Usedom in the Baltic Sea. Characteristic features of texts of this type are as follows.

- A clear structure, divided into sections.
- Concentration at given points on a single aspect (e.g. population).
- The use of existential verbs (*ist, sind, es gibt*) and the use of intransitive verbs describing the properties of nouns (*liegen, stehen, gehören, sich erstrecken, hervorragen,* usw.).
- The use of adjectives, often in predicative (post-verb) position (*wichtig, erforderlich,* usw.).
- The use of prepositions to express relations between elements of the description (*in, auf, zwischen, neben,* etc.).

This text is the type of essay which students may be required to write for their assessments and which not only presents objective information, but also the opinions of the writer. Some of the opinions may be explicitly expressed, while others are contained within evaluative vocabulary. The text thus borders on the persuasive type.

EINFÜHRUNG

Sie werden jetzt einen Aufsatz lesen, der eine Region beschreibt. Er behandelt die Halbinsel Usedom, die vor der Küste Nordostdeutschlands in der Ostsee liegt. Es geht hier nicht nur um geografische Fakten und touristische Sehenswürdigkeiten, sondern auch um die Meinungen und Ansichten des Autors.

▶1 VORHERSAGEN

Aim: to prepare students for the reading comprehension by encouraging them to use their knowledge of the world to predict the elements that might come up in texts of this type.

Students decide which elements in the table might appear in a description of a tourist area. Students could work in pairs to make their decisions. Some answers may be controversial, and they may not be able to decide one way or the other. The important thing is to get students' minds working on the topic, not agonise over whether answers are correct or not. You could build up a list on the whiteboard, on an OHP or on an IAWB.

ADVANCE MATERIALS: GUT LESEN, BESSER SCHREIBEN

Descriptive/Informative

▶ 2 LESEN

Students should read the text at least twice. They should discuss possible meanings of unknown words using the context to help them, before using reference material such as a dictionary or glossaries. All suggestions could be written on a whiteboard or IAWB. Students should then enter new words and expressions on a new vocabulary sheet (see page 199 under the headings below. Alternatively, you could print a cumulative version of their suggestions from the IAWB.

Textart: Beschreibung

Titel: Ist Usedom eine Reise wert?

▶ 3 VERGLEICHEN

Aim: to focus students' attention on the topics that did come up in the text and to compare them with their own predictions.

Students compare their answers from Exercise 1 with the text. You might like to photocopy the suggested answers below, to aid comparision. If needed/wanted, a short discussion could be held about the controversial points, e.g. *das Klima*.

ANSWER

	Ja	Nein	Vielleicht
die Lage der Region	x		
geologische Gegebenheiten		x	
die Anreisemöglichkeiten	x		
die Übernachtungsmöglichkeiten	x		
die Häuser			x
eine Beschreibung der Gegend	x		
die Charaktereigenschaften der Leute			x
das Klima	x		
das Wetter			x
die Zahl der Einwohner		x	
Restaurants und Kneipen	x		
Möglichkeiten Sport zu treiben	x		
das Unterhaltungsangebot	x		
Möglichkeiten für Ferienjobs		x	
das kulturelle Angebot	x		
Sehenswürdigkeiten	x		
Geschäfte/Einkaufsmöglichkeiten	x		
Informationen über die wirtschaftliche Situation, z.B. Jobs		x	

▶ 4 ENTSCHEIDEN

Aim: to help students become aware of the structure of the text.

Students examine the text and decide what each section is about. Doing this encourages the students a) to read the text again, and b) to begin looking at how it is structured. This will help them when it comes to structuring their own text later.

ADVANCE MATERIALS: GUT LESEN, BESSER SCHREIBEN

106 Descriptive/Informative

ANSWER

1. Lage
2. Wetter
3. Anreise
4. Unterkunft
5. Kulinarisches
6. Nachtleben
7. Strandleben
8. Das Innere der Insel
9. Einkauf und Kultur
10. Schlussfolgerung

▶5 KORRIGIEREN

Aim: to get students to concentrate on adjectival endings.

Students read the summary of the text and add the correct adjectival endings, where they are missing.

ANSWER

Die Insel Usedom liegt an der nordöstlich**en** Grenze Deutschlands und wird auch die „pommersch**e**" Riviera genannt. Das Klima ist normalerweise gemäßigt. Die höchst**en** Temperaturen werden im Juli und August erreicht. Die Anreise mit dem Zug ist besonders umweltfreundlich. Privatunterkünfte und Pensionen sind billig, aber es gibt auch teu**re** Hotels. Essen kann man lecker**e** pommersche Gerichte oder gesund**e** Salatteller. In klein**en** Orten gibt es nicht viel Nachtleben, aber in den Küstenorten schon. Die weiß**en** Sandstrände sind besonders attraktiv, können aber auch sehr voll werden. Wenn das Wetter nicht so schön ist, kann man Einkaufen gehen. Der mittelalterlich**e** Markt in Koserow ist besonders zu empfehlen.

▶6 EINSETZEN

Aim: to increase students' awareness of prepositions and case.

Give a brief reminder about prepositions. Write a selection of prepositions on the board and ask students what these words mean and what kind of words they are. The next step might be to remind them that prepositions trigger different cases and write some examples on the board or demonstrate e.g.: *Ich packe das Buch **in die** Tasche. Jetzt ist das Buch **in der** Tasche!*

In this exercise, students are asked to slot the correct prepositions back into the right gaps in the text. They can refer back to the text once they have finished to check their answers, or weaker students could instead go back to the original text and underline all prepositions before they tackle this exercise.

ANSWER

IST USEDOM EINE REISE WERT?

Die Ferieninsel Usedom liegt **in** Pommern, **im** Nordosten Deutschlands **in** der Ostsee und grenzt **an** Polen. Zwar kommen nur wenige Ausländer **nach** Usedom, aber **unter** den Deutschen ist es ein sehr beliebtes Ferienziel.

Sommerliche Hitze kann nicht garantiert werden, aber **im** Durchschnitt liegen die Tagestemperaturen **im** Juli und August **bei** 21° C. **Im** Hochsommer erreicht die Ostsee 17° C, was **zum** Baden und Surfen ideal ist. **In** einem besonders heißen Sommer kann es wie **am** Mittelmeer sein, deshalb wird Usedom auch die „pommersche Riviera" genannt.

Nach Usedom reisen kann man **mit** dem Auto oder **mit** dem Zug, ja sogar **mit** dem Flugzeug. **Von** Berlin, Hamburg, Dresden und Leipzig kann man **zum** „Heringsdorfer Airport" fliegen. Wenn man **mit** dem Auto kommt, kann man nur **an** zwei Punkten **auf** die Insel fahren, und zwar **über** Wolgast oder Anklam. Das

ADVANCE MATERIALS: GUT LESEN, BESSER SCHREIBEN

Descriptive/Informative

bedeutet, dass man **im** Sommer **in** einen Stau kommen kann! Deshalb ist es **mit** dem Zug vielleicht angenehmer und natürlich auch **am** umweltfreundlichsten.

Wenn man dann angekommen ist, gibt es **für** jeden eine Übernachtungsmöglichkeit. **Am** billigsten sind die Campingplätze. Wenn man nicht viel Geld hat, kann man aber auch **bei** manchen Inselbewohnern privat unterkommen. Das ist besonders schön, denn dann lernt man auch die Menschen, die **auf** Usedom wohnen, richtig kennen. Außerdem gibt es Ferienhäuser, Pensionen und **für** die reicheren Touristen auch teure Hotels.

▶ 7 RECHERCHIEREN

Aim: to help students learn about a geographical area through their own research.

Students should now conduct their own research on a geographical area in a German-speaking country (e.g. Germany, Austria, Switzerland). This may or may not be a tourist area, but in the course of their research students should note down points that would make their chosen area attractive to tourists. They should work in pairs or small groups and be encouraged to split the workload so that one person concentrates on finding information on accommodation and food, the next person researches the night life and shopping opportunities, etc. Students should be encouraged to use both the library and the Internet. The instinct of most students is to find information in English and then translate it into German. It might be a good opportunity to remind them that whilst some background information read in English could be helpful, it is in fact easier to skim through information provided in German and then to lift and adapt sentences and part sentences from such texts. A search engine such as Google will assist their Internet searches.

▶ 8 VORBEREITEN

Aim: to encourage students to exercise judgement in the selection and retention of material for their text.

Students now work together to prepare their description. They should firstly make a random list of the points from their research that they wish to include. At this point, they should not be fettered by ideas of structure. It is important that they feel free to list anything and everything that they have found. They may use keywords from Exercise 4 and their own ideas.

Students then edit out material which they do not want to use and place the remainder in the order in which it will appear in the description. This need not necessarily be the same order as that which is used in the original article.

Students should keep in mind what could be of particular interest for tourists to the area.

▶ 9 SCHREIBEN

Aim: to get students to use the knowledge they have acquired to write an appropriately structured text with suitable features.

For each of the points chosen, students now write a paragraph.

- As in the original text, each paragraph should be self-contained, but should link logically to previous and following paragraphs. There is thus a need for linking words between paragraphs to ensure that the text is cohesive.

- Since adjectives are typical of such writing, students should ensure that their text contains a good number of them, and that the endings are correct in pre-nominal position, according to case, gender and number.

- They should ensure that the correct case follows the use of prepositions.

ADVANCE MATERIALS: GUT LESEN, BESSER SCHREIBEN

- The final paragraph should form a short summary of the text.
- Students should make their opinions on each of the various topics known, ensuring that the final paragraph makes clear where their overall opinion lies.
- Students should keep an eye on their title to ensure that everything they write is relevant to the title/topic of the essay.

▶10 BEARBEITEN

Aim: to encourage students to use their critical judgement appropriately and fairly.

The texts are circulated to other groups for editing and improvement. Students should mention three points they liked about another group's essay and make three suggestions for improvements.

Was mir an diesem Aufsatz gefällt/nicht gefällt ist…	What I like/dislike about this essay is…
Ich finde diesen Aufsatz einfach/schwer zu verstehen, weil…	I find this essay easy/difficult to understand, because…
Ich denke, die Struktur ist gut/kompliziert, weil…	I think the structure is good/complicated because…
Die Einleitung ist gut/nicht so gut, weil…	The introduction is good/not so good, because…
Die Argumente sind kohärent/nicht so kohärent, weil…	The points presented are coherent/not so coherent because…
Ich finde, dass strukturelle Elemente erfolgreich benutzt wurden.	I find that the structural elements have been used successfully.
Ich finde, dass zu wenig strukturelle Elemente benutzt wurden.	I find that not enough structural elements have been used.
Ich bin der Ansicht, dass die rhetorischen Mittel gut/nicht gut eingesetzt worden sind, weil…	I am of the opinion that rhetorical devices have been used successfully/not so successfully because…
Meiner Meinung nach ist dies ein guter/ schwacher Aufsatz, weil…	In my opinion this is a good/weak essay, because…
Besonders gut gelungen ist…	Especially successful is…
Was ganz bestimmt geändert werden muss, ist…	Something that definitely will have to be changed is…
Was verbessert werden könnte, ist…	Something that could be improved is…

▶11 FERTIG STELLEN

Aim: to get students to work individually, writing a fair copy in which they implement suggestions made by their peers.

This task should be done at home. All students need a copy of the draft which their small group worked on and which was commented on by another group.

Once these draft versions have been corrected and polished, the text is desktop published, possibly with illustrations scanned in or imported from the Internet. The final versions are posted on the wall for reading and comparison.

ADVANCE MATERIALS: GUT LESEN, BESSER SCHREIBEN

UNIT 9:
Ist Usedom eine Reise wert?

▶1 VORHERSAGEN

Arbeiten Sie zu zweit.

- Welche Elemente und Informationen erwarten Sie in einem Aufsatz über eine geografische Region, die als Ferienziel bekannt ist?
- Kreuzen Sie an:

	Ja	Nein	Vielleicht
die Lage der Region			
geologische Gegebenheiten			
die Anreisemöglichkeiten			
die Übernachtungsmöglichkeiten			
die Häuser			
eine Beschreibung der Gegend			
die Charaktereigenschaften der Leute			
das Klima			
das Wetter			
die Zahl der Einwohner			
Restaurants und Kneipen			

ADVANCE MATERIALS: GUT LESEN, BESSER SCHREIBEN

Möglichkeiten Sport zu treiben			
das Unterhaltungsangebot			
Möglichgkeiten für Ferienjobs			
das kulturelle Angebot			
Sehenswürdigkeiten			
Geschäfte/Einkaufsmöglichkeiten			
Informationen über die wirtschaftliche Situation, z.B. Jobs			

▶ 2 LESEN

Arbeiten Sie zu zweit.

- Lesen Sie den folgenden Text mindestens zweimal.
- Suchen Sie in einem Wörterbuch die Wörter und Ausdrücke, die Ihnen unbekannt sind oder besprechen Sie den Sinn von unbekannten Wörtern mit Ihrem Partner/Ihrer Partnerin.
- Tragen Sie diese Wörter und Ausdrücke auf ein neues Vokabelblatt ein.

IST USEDOM EINE REISE WERT?

Die Ferieninsel Usedom liegt in Pommern, im Nordosten Deutschlands in der Ostsee. Zwar kommen nur wenige Ausländer nach Usedom, aber unter den Deutschen ist es ein sehr beliebtes Ferienziel.

Sommerliche Hitze kann nicht garantiert werden, aber im Durchschnitt liegen die Tagestemperaturen im Juli und August bei 21° C. Im Hochsommer erreicht die Ostsee 17° C, was zum Baden und Surfen ideal ist. In einem besonders heißen Sommer kann es wie am Mittelmeer sein, deshalb wird Usedom auch die „pommersche Riviera" genannt.

Nach Usedom reisen kann man mit dem Auto oder mit dem Zug, ja sogar mit dem Flugzeug. Von Berlin, Hamburg, Dresden und Leipzig kann man zum „Heringsdorfer Airport" fliegen. Wenn man mit dem Auto kommt, kann man nur an zwei Punkten auf die Insel fahren, und zwar über Wolgast oder Anklam. Das bedeutet, dass man im Sommer in einen Stau kommen kann! Deshalb ist es mit dem Zug vielleicht angenehmer und natürlich auch am umweltfreundlichsten.

Wenn man dann angekommen ist, gibt es für jeden eine Übernachtungsmöglichkeit. Am billigsten sind die Campingplätze. Wenn man nicht viel Geld hat, kann man aber auch bei manchen Inselbewohnern privat unterkommen. Das ist besonders schön, denn dann lernt man auch die Menschen, die auf Usedom wohnen, richtig kennen. Außerdem gibt es Ferienhäuser, Pensionen und für die reicheren Touristen auch teure Hotels.

Was Essen und Trinken angeht, so gibt es auf Usedom ebenfalls für jeden etwas! Natürlich gibt es viele Restaurants und Kneipen. Man kann vor allem pommersche Gerichte essen, die sehr lecker und kalorienreich sind. Es gibt viel Fisch und Wild, meist mit Bratkartoffeln. Als Alternative kann man einen Salatteller bestellen. An der Küste gibt es auch viele italienische Restaurants und Eisdielen.

Das Nachtleben auf Usedom spielt sich meistens in den Hotels ab. Alle Orte auf der Insel sind relativ klein. Am meisten ist in den Küstenorten los, wo man auch Diskos,

Kinos und Theater finden kann. In den Dörfern und Kleinstädten im Hinterland ist jedoch nicht viel Nachtleben.

Tagsüber kann man an den Strand gehen. Die weißen Sandstrände sind fantastisch und bei schönem, warmem Wetter kann man sich tatsächlich vorstellen am Mittelmeer zu sein. In der Hauptsaison ist am Strand unheimlich viel los und wenn man bestimmt immer einen Strandkorb haben will, sollte man ihn am besten direkt für die ganze Woche mieten. Man bekommt dann einen kleinen Schlüssel und schließt seinen „privaten" Strandkorb einfach ab, wenn man zurück ins Hotel geht.

Wenn man nicht am Strand liegen will, kann man mit dem Auto, mit dem Zug oder auch mit dem Fahrrad die Insel besichtigen. Die meisten Leute bleiben in den Küstenorten Bansin, Heringsdorf und Ahlbeck. Das bedeutet, dass es im Hinterland schön ruhig ist. Die Insel ist ein Vogelparadies und auf langen Spaziergängen in der Natur begegnet man sogar in der Hauptsaison nur wenigen anderen Touristen.

Zum Einkaufen fährt man am besten nach Swinemünde oder nach Wolgast. Aber Achtung: wenn das Wetter nicht so schön ist, haben alle Leute die gleiche Idee und man steht wieder im Stau! Dann sollte man vielleicht lieber nach Peenemünde fahren, wo man ein altes U-Boot und ein Militärmuseum besichtigen kann. Wenn man auf mittelalterliche Märkte steht, wird man auch nicht enttäuscht. Der beste mittelalterliche Markt findet in Koserow statt. Außerdem gibt es auch immer die Möglichkeit einen Zirkus zu besuchen, wenn man keine Lust hat zum Konzert in einen der Küstenorte zu fahren.

Alles in allem würde ich sagen, dass Usedom besonders für Familien ein gutes Ferienziel ist. In den drei größeren Badeorten Bansin, Heringsdorf und Ahlbeck sind sowohl der Strand als auch die Freizeitangebote und das Nachtleben am besten. Wenn man jedoch in seinen Ferien lieber Ruhe hat, sucht man eben eine Pension in einem kleineren Ort aus. Also, Usedom hat etwas für alle Besucher, deshalb muss ich zu dem Schluss kommen, dass Usedom wirklich eine Reise wert ist.

▶3 VERGLEICHEN

Arbeiten Sie mit den Leuten, mit denen Sie auch Aufgabe 1 gemacht haben.

- Vergleichen Sie die Ergebnisse Ihrer Besprechung aus Aufgabe 1 mit dem Text selbst.
- Was hatten Sie richtig vorhergesagt?
- Hat der Schriftsteller andere Themen gewählt oder Themen weggelassen?

▶4 ENTSCHEIDEN

Arbeiten Sie alleine.

- Jeder Abschnitt dieses Textes hat ein Thema, das in einer Überschrift zusammengefasst werden kann. Untersuchen Sie den Text, und entscheiden Sie welche der Überschriften unten zu welchem Abschnitt gehört.
- Schreiben Sie die Überschriften in der richtigen Reihenfolge auf.

BEISPIEL

1 Lage	Schlussfolgerung
Wetter	Einkauf und Kultur
Lage	Unterkunft
Kulinarisches	Strandleben
Anreise	Das Innere der Insel
Nachtleben	

▶5 KORRIGIEREN

Arbeiten Sie alleine oder zu zweit. In der folgenden Zusammenfassung des Textes haben nur einige Adjektive die korrekte Endung.

- Finden Sie die falsch geschriebenen Adjektive.
- Korrigieren Sie die Endungen. Das erste Adjektiv ist als Beispiel schon korrigiert.

Die Insel Usedom liegt an der nordöstlich**en** Grenze Deutschlands und wird auch die „pommersch" Riviera genannt. Das Klima ist normalerweise gemäßigt. Die höchst Temperaturen werden im Juli und August erreicht. Die Anreise mit dem Zug ist besonders umweltfreundlich. Privatunterkünfte und Pensionen sind billig, aber es gibt auch teuer Hotels. Essen kann man lecker pommersch Gerichte oder gesund Salatteller. In klein Orten gibt es nicht viel Nachtleben, aber in den Küstenorten schon. Die weiß Sandstrände sind besonders attraktiv, können aber auch sehr voll werden. Wenn das Wetter nicht so schön ist, kann man Einkaufen gehen. Der mittelalterlich Markt in Koserow ist besonders zu empfehlen.

ADVANCE MATERIALS: GUT LESEN, BESSER SCHREIBEN

▶6 EINSETZEN

Arbeiten Sie alleine oder zu zweit. Hier sind die Präpositionen aus den ersten Absätzen des Textes herausgenommen worden.

- Setzen Sie die Präpositionen wieder in den Text ein, möglichst ohne sich das Original wieder anzusehen. Ein paar Präpositionen sind als Beispiel und zur Hilfe im Text gelassen worden.
- Benutzen Sie jede Präposition auf der Liste nur einmal.

in	nach	im	bei	zum	am	mit	an	auf	für
in	Nach	im	bei	zum		mit		auf	für
In		im				mit			
in						mit			
						mit			

IST USEDOM EINE REISE WERT?

Die Ferieninsel Usedom liegt _____ Pommern, **im** Nordosten Deutschlands _____ der Ostsee und grenzt **an** Polen. Zwar kommen nur wenige Ausländer _____ Usedom, aber **unter** den Deutschen ist es ein sehr beliebtes Ferienziel.

Sommerliche Hitze kann nicht garantiert werden, aber _____ Durchschnitt liegen die Tagestemperaturen ____ Juli und August _____ 21° C. **Im** Hochsommer erreicht die Ostsee 17° C, was _____ Baden und Surfen ideal ist. _____ einem besonders heißen Sommer kann es wie _____ Mittelmeer sein, deshalb wird Usedom auch die „pommersche Riviera" genannt.

_____ Usedom reisen kann man _____ dem Auto oder _____ dem Zug, ja sogar _____ dem Flugzeug. **Von** Berlin, Hamburg, Dresden und Leipzig kann man _____ „Heringsdorfer Airport" fliegen. Wenn man _____ dem Auto kommt, kann man nur _____ zwei Punkten _____ die Insel fahren, und zwar **über** Wolgast oder Anklam. Das bedeutet, dass man _____ Sommer _____ einen Stau kommen kann! Deshalb ist es _____ dem Zug vielleicht angenehmer und natürlich auch **am** umweltfreundlichsten.

Wenn man dann angekommen ist, gibt es _____ jeden eine Übernachtungsmöglichkeit. **Am** billigsten sind die Campingplätze. Wenn man nicht viel Geld hat, kann man aber auch _____ manchen Inselbewohnern privat unterkommen. Das ist besonders schön, denn dann lernt man auch die Menschen, die _____ Usedom wohnen, richtig kennen. Außerdem gibt es Ferienhäuser, Pensionen und _____ die reicheren Touristen auch teure Hotels.

ADVANCE MATERIALS: GUT LESEN, BESSER SCHREIBEN

▶ 7 RECHERCHIEREN

Jetzt sollen Sie in kleinen Gruppen eine geografische Beschreibung einer Gegend vorbereiten. Diese Gegend kann in Deutschland, in Österreich oder in der Schweiz liegen. Überlegen Sie dabei, was in dieser Gegend für Touristen attraktiv sein könnte.

- Benutzen Sie das Internet und die Bibliothek.
- Teilen Sie die Suche nach Unterthemen innerhalb der Gruppe auf, z.B. jemand findet Informationen über Unterkünfte, jemand anderes über Freizeitangebote usw.
- Benutzen Sie deutsche und vielleicht auch ein paar englische Texte, um Informationen zu finden.
- Notieren Sie auch kurz Wörter und Strukturen, die bei einer solchen Beschreibung nützlich sein könnten. Schreiben Sie aber keine ganzen Sätze ab.

▶ 8 VORBEREITEN

Wenn Sie genug Information über Ihre Gegend oder Stadt gefunden haben, arbeiten Sie weiter in Ihrer kleinen Gruppe. Der Titel Ihres Aufsatzes könnte lauten „*Ist... eine Reise wert?*", „*Was macht... zu einem interessanten Reiseziel?*" oder „*Warum sollte jeder einmal in... gewesen sein?*" Natürlich können Sie sich auch einen eigenen Titel ausdenken.

- Machen Sie eine Liste der Punkte, die Sie in Ihrem Aufsatz behandeln wollen. Sie können Stichpunkte aus Aufgabe 4 und Ihre eigenen Ideen benutzen.
- Wenn Sie eine Entscheidung über den Inhalt Ihres Aufsatzes getroffen haben, schreiben Sie Ihre Stichpunkte in die Reihenfolge, in der Sie sie im Aufsatz behandeln wollen. Dies muss nicht unbedingt dieselbe Reihenfolge wie in Aufgabe 4 sein.
- Denken Sie daran, Punkte herauszuheben, die für Touristen besonders attraktiv sein könnten.

▶ 9 SCHREIBEN

Schreiben Sie jetzt in Ihrer Gruppe zu jedem Stickpunkt einen Absatz. Achten Sie auch auf die folgenden grammatischen und stilistischen Punkte.

- Benutzen Sie viele Adjektive und achten Sie auf deren Endungen.
- Achten Sie darauf, dass Sie Präpositionen richtig benutzen. Präpositionen ändern den Fall, in dem das darauf folgende Nomen steht!
- Vergessen Sie nicht am Schluss eine kurze Zusammenfassung zu schreiben.
- Ihre eigene Meinung darf im ganzen Aufsatz ausgedrückt werden, sollte jedoch in Ihrer Zusammenfassung besonders zum Ausdruck kommen.
- Denken Sie daran, dass sich alles, was Sie schreiben auch auf den Titel bezieht.

ADVANCE MATERIALS: GUT LESEN, BESSER SCHREIBEN

▶10 BEARBEITEN

Diskutieren Sie jetzt in Gruppen die Entwürfe, die Sie geschrieben haben. Fügen Sie Informationen wie nötig hinzu, und korrigieren Sie alle sprachlichen Fehler, die Sie finden.

- Schreiben Sie mindestens drei Punkte auf, die Ihnen an diesem Entwurf gut gefallen haben und machen Sie drei Verbesserungsvorschläge.
- Wenn Sie Ihren eigenen Aufsatz zurückbekommen, schreiben Sie ihn auf dem Computer sorgfältig ab.

Was mir an diesem Aufsatz gefällt/nicht gefällt ist…	*What I like/dislike about this essay is…*
Ich finde diesen Aufsatz einfach/schwer zu verstehen, weil…	*I find this essay easy/difficult to understand, because…*
Ich denke, die Struktur ist gut/kompliziert, weil…	*I think the structure is good/complicated because…*
Die Einleitung ist gut/nicht so gut, weil…	*The introduction is good/not so good, because…*
Die Argumente sind kohärent/nicht so kohärent, weil…	*The points presented are coherent/not so coherent because…*
Ich finde, dass strukturelle Elemente erfolgreich benutzt wurden.	*I find that the structural elements have been used successfully.*
Ich finde, dass zu wenig strukturelle Elemente benutzt wurden.	*I find that not enough structural elements have been used.*
Ich bin der Ansicht, dass die rhetorischen Mittel gut/nicht gut eingesetzt worden sind, weil…	*I am of the opinion that rhetorical devices have been used successfully/not so successfully because…*
Meiner Meinung nach ist dies ein guter/schwacher Aufsatz, weil…	*In my opinion this is a good/weak essay, because…*
Besonders gut gelungen ist…	*Especially successful is…*
Was ganz bestimmt geändert werden muss, ist…	*Something that definitely will have to be changed is…*
Was verbessert werden könnte, ist…	*Something that could be improved is…*

▶11 FERTIG STELLEN

Arbeiten Sie zum Schluss alleine. Sie brauchen eine Kopie des Entwurfes, den Sie in Ihrer Gruppe geschrieben haben und der von einer anderen Gruppe korrigiert und kommentiert worden ist.

- Schreiben Sie den Aufsatz auf dem Computer ab.
- Verbessern Sie alle sprachlichen Fehler.
- Schließlich sollen Sie die Verbesserungsvorschläge in den Aufsatz einbringen.
- Zum Schluss können Sie noch Fotos oder Abbildungen in ihren Aufsatz integrieren, wenn Sie möchten.

ADVANCE MATERIALS: GUT LESEN, BESSER SCHREIBEN

UNIT 10: Kuala Lumpur

UNIT FRAMEWORK

Outcome	Writing an article about a tourist city or area in Germany/Austria
Writing skill	Using a journalistic style
Grammar/functional focus	Passive; adjectival use of comparatives and superlatives
Audience	Peers who have not visited the city in question
Preliminary grammar revision	Formation of comparatives and superlatives

TEXT FEATURES

This text is of the informative variety, but with a considerable persuasive slant. The author aims to inform the reader about Kuala Lumpur, but also to present the attractions of the city in such a way as to persuade the reader that he/she would like to go there. The text is thus descriptive with persuasive overtones.

The following are important features.

- The use of adjectives with positive overtones: e.g. **Schicke** Shopping-Paläste, **geschmackvolle** Restaurants oder **hippe** Hotels; **besondere** Schwimmvergnügen in **außergewöhnlichen** Schwimmbädern.

- The use of comparative adjectives to show superiority or improvement: e.g. die Angebote werden immer **vielfältiger**; einen **größeren** Swimmingpool als vorher.

- The use of adverbial comparatives to show progress: e.g. die malaysische Metropole, die **immer mehr** Besucher verlockt; ... und so wird sich auch das Preis-Leistungsverhältnis **immer weiter** verbessern.

- The use of superlatives to express the fact of ultimate superiority: e.g. diese Metropole, die noch mehr als die **neuesten** Trends in der Hotelwelt bietet; Bei den **gefragtesten** Adressen der Stadt.

- Evaluative expressions: e.g. Sehr **lebendig** ist diese Metropole; Was wäre aber Kuala Lumpur ohne Einkaufstour? Sicherlich **kein kompletter** Urlaub!; Bei einem Besuch in Kuala Lumpur werden Sie alles finden, was das Herz begehrt.

- The coverage of different topics, moving from a summary of the present situation, through historical changes, the food on offer and a shopping tour to a final, positive and attractive judgement.

EINFÜHRUNG

Heute lesen wir einen Text über eine Großstadt, die viele Touristen reizt, und zwar die Hauptstadt von Malaysien, Kuala Lumpur. Wir betrachten hier die vielfältigen Angebote einer solchen Stadt, und die Weise, auf die der Autor diese beschreibt. Am Ende werden Sie eine ähnliche Beschreibung einer Touristenstadt schreiben.

▶1 VORHERSAGEN

Aim: to prepare students for the reading comprehension by encouraging them to use their knowledge of the world to predict what vocabulary might come up in the text.

Students predict the sort of words that will come up in the text. They examine the list provided and tick those which they believe will come up and place a cross against those that will not.

POSSIBLE ANSWER

	Ja	Nein	Vielleicht
die Lage der Region	x		
die Häuser		x	
Hotels	x		
Geschäfte	x		
eine Beschreibung der Gegend	x		
die Charaktereigenschaften der Leute			x
das Klima		x	
das Wetter	x		
die Einwohnerzahl			x
Restaurants	x		
Kochkurse	x		
die Unterhaltungsindustrie	x		
das Nachtleben		x	
das kulturelle Angebot	x		
Sportanlagen	x		
Sehenswürdigkeiten	x		
Banken	x		
Kreditkarten	x		
Informationen über die wirtschaftliche Situation, z.B. Jobs		x	

▶ 2 LESEN

Students should read the text at least twice. They should discuss possible meanings of unknown words using the context to help them, before using reference material such as a dictionary or glossaries. All suggestions could be written on a whiteboard or IAWB. Students should then enter new words and expressions on a new vocabulary sheet (see page 199) under the headings below. Alternatively, you could print a cumulative version of their suggestions from the IAWB.

Textart: Beschreibung

Titel: Kuala Lumpur

▶ 3 VERGLEICHEN

Aim: to focus students' attention on the categories and topics which did occur in the article and to compare these with their own predictions.

Students now compare the table they completed in Exercise 1 with the categories and topics mentioned in the text. If you have an electronic version of the original table, you could print copies for your students to use as a checklist and to which they could add further information. Alternatively, they can work with the tables they compiled in pairs.

ADVANCE MATERIALS: GUT LESEN, BESSER SCHREIBEN

▶ 4 ORDNEN

Aim: to get students to take a closer look at the structure of the text and the order in which information is presented.

Students examine the list of titles which summarise the structure of the text and place them in the correct order. They could copy the titles onto small pieces of card which they could move around in order to obtain the correct order, which obviates the need for much writing, crossing out, revision, etc. The same approach might also be useful later in preparation for their own work.

ANSWER

1 Überschrift
2 Einleitender Überblick
3 Entwicklung des Tourismus
4 Beschreibung der Hotels
5 Beschreibung der Restaurants
6 Beschreibung der Einkaufsmöglichkeiten
7 Zusammenfassung dessen, was Kuala Lumpur zu bieten hat

▶ 5 FINDEN

Aim: to teach students about the use of comparatives and superlatives in both their objective and persuasive uses.

Students look in the text for examples of the absolute, the comparative and the superlative forms of adjectives. They then complete the table with the missing forms.

Preliminary grammar revision could take place before this. This could take the form of 'working backwards' from the superlatives, e.g. through a discussion on restaurants in your town: *Welches ist **das beste** Restaurant in Hartlepool? Ist Maxim's **besser** als das Ritz? Maxim's ist **gut**, sicher, aber das Ritz muss das beste sein, nicht wahr? Ist Maxim's **größer** als das Ritz? Das Ritz ist sehr **groß**, nicht wahr?*

Point out that the use of superlatives in particular often has a persuasive purpose, and that descriptions are sometimes not purely objective. You might also like to discuss with your students why the superlative always has a definite article.

ANSWER

Grundform	Komparativ	Superlativ
schicke Shopping-Paläste	die schickeren Shopping-Paläste	die schicksten Shopping-Paläste
geschmackvolle Restaurants	die geschmackvolleren Restaurants	die geschmackvollsten Restaurants
hippe Hotels	die hipperen Hotels	die hippsten Hotels
ein großartiges Erlebnis	ein großartigeres Erlebnis	das großartigste Erlebnis
viele Besucher	mehr Besucher	die meisten Besucher
einen großen Swimmingpool	einen größeren Swimmingpool	den größten Swimmingpool

ADVANCE MATERIALS: GUT LESEN, BESSER SCHREIBEN

Descriptive/Informative 119

viele Hotels	mehr Hotels	die meisten Hotels
die neuen Trends	die neueren Trends	die neuesten Trends
tolle Schnäppchen	tollere Schnäppchen	die tollsten Schnäppchen
bei den gefragten Adressen	bei den gefragteren Adressen	bei den gefragtesten Adressen
in guten Händen	in besseren Händen	in den besten Händen

▶ 6 ÜBEN

Aim: to give students practice in both creating and using adjectival forms in the comparative and superlative.

Students now use the knowledge acquired both from the revision and examination of the text to translate the English phrases given into German, using comparatives and superlatives. They then write three further examples themselves. If you feel it appropriate, you could then ask students to write full sentences containing these constructions.

ANSWER

1 The better restaurants: *die besseren Restaurants*
2 The more interesting trends: *die interessanteren Trends*
3 The most sought after hotels: *die gefragtesten Hotels*
4 The bigger shops: *die größeren Geschäfte*
5 More sights: *mehr Sehenswürdigkeiten*

▶ 7 UNTERSUCHEN

Aim: to get students to identify and practise the difference between the future tense and the passive voice.

Both the future tense and the passive voice in German use the verb *werden*. This can be a source of confusion to students. The important difference, of course, is that the future tense uses an infinitive, whereas the passive uses a past participle.

This exercise trains students to distinguish between the two. Students examine the sentences carefully. They could underline any infinitives in one colour and any past participles in another before deciding whether a future or a passive is involved. Point out that the first sentence of the instructions contains a passive, and the past participle of werden is *worden*, not *geworden*, when used in a passive. This prevents the ugly clash of two past participles beginning with ge-, e.g. *geschrieben geworden sind*.

You may also wish to remind students that the passive is often used in the text because events happen to people and things without the agent being specified, e.g. *bei Dinnerpartys können die Freunde verwöhnt werden*. In other cases, the passive is used to place emphasis on the agent, e.g. *Von den Touristen wurde die Stadt lange Zeit gemieden*.

ADVANCE MATERIALS: GUT LESEN, BESSER SCHREIBEN

ANSWER

	Passiv	Futur/Zukunft
... und so wird sich auch das Preis-Leistungsverhältnis immer weiter verbessern.		x
... und bei Dinnerpartys können die Freunde verwöhnt werden.	x	
... eigene Produkte aus der einheimischen Industrie, die neben den zahlreichen Imitaten angeboten werden.	x	
Neben den tollen Hotels, Restaurants und verlockenden Shops dürfen aber nicht die Tempel, Museen und die vielen anderen Sehenswürdigkeiten, die Kuala Lumpur zu bieten hat, vergessen werden.	x	
Bei einem Besuch in Kuala Lumpur werden Sie alles finden, was das Herz begehrt.		x

▶ 8 UMSCHREIBEN

Aim: to give students practice in making up passive sentences using previously encountered language.

Students practise forming passive sentences including both the comparative and superlative forms of adjectives using language they have already worked on. Note that agentive phrases (e.g. *von den reichsten Europäern*) are included in these sentences. It would be useful to draw attention to this phenomenon, and in particular to the fact that *von* is followed by the dative case.

ANSWER

1 Die besten Hotels werden von den reichsten Europäern gebucht.
2 Die kleineren Geschäfte werden von den meisten Touristen gemieden.
3 Die malaysischen Produkte werden von den einheimischen Verkäufern angeboten.
4 Die hippsten Pools werden von fröhlichen Leuten besucht.
5 Die besten Theaterplätze werden von kultivierten Leuten reserviert.

▶ 9 RECHERCHIEREN

Aim: to get students to locate information and useful language in preparation for writing their own text.

Students now conduct their own research on a geographical area in a German-speaking country (e.g. Germany, Austria, Switzerland). They should work in small groups and be encouraged to split the workload so that one person concentrates on finding information on accommodation and food, the next person researches the night life and shopping opportunities, etc. Students should be encouraged to use both the library and the Internet. The instinct of most students is to find information in English and then translate it into German. It might be a good opportunity to remind them that whilst some background information read in English could be helpful, it is in fact easier to skim through information provided in German and then to use vocabulary and useful constructions and adapt them to their own writing. They should be encouraged, however, simply to take notes from what they find and *not* either to copy out whole sentences or to print out and copy word-for-word what they have found.

▶ 10 SCHREIBEN

Aim: to get students to produce draft texts with an individual focus, later to be combined into a single coherent whole.

Students continue working in their group. One or two students work on each of the structure sections outlined in Exercise 4. Thus, one pair will write the introduction, another will write the historical background, etc. Students should pay attention to the structures used in their particular paragraph (as exemplified in that part of the original text) and attempt to use them. They should ensure that passives are used where appropriate.

▶ 11 BEARBEITEN

Aim: to encourage students to comment on another group's draft and try to correct mistakes.

Once these draft paragraphs are completed, they are circulated among the other members of the group for correction and improvement. This can be done either by a simple exchange between pairs, or each paragraph can 'do the rounds' of the whole group. See the list on page 106.

▶ 12 FERTIG STELLEN

Aim: to get the students to give the whole text cohesion and coherence and to publish it.

An editor is appointed for each group to whom the members e-mail their draft. The editor decides on a structure and order for the text and places the paragraphs accordingly. The whole text is then produced for further discussion with the group. The group should pay particular attention to the **cohesion** of the text, i.e. is a change of topic visibly linked by conjunctions or appropriate expressions? They should also pay attention to the **coherence** of the passage, e.g. they should check that topics are discussed in the correct paragraph, and that whole text 'reads' clearly and logically without any strange jumps in time or topic.

Once this is agreed, the resulting article may be desktop published with scanned-in photographs, pictures and cartoons. The use of colour is important in this text, as the attractiveness of the subject matter needs to be matched by the attractiveness of the article's appearance.

ADVANCE MATERIALS: GUT LESEN, BESSER SCHREIBEN

UNIT 10: Kuala Lumpur

▶1 VORHERSAGEN

In diesem Text wird eine Großstadt als Urlaubsziel beschrieben. Arbeiten Sie zu zweit oder in einer kleinen Gruppe.

- Denken Sie die Elemente auf der folgenden Liste werden in diesem Text vorkommen? Kreuzen Sie an: „ja", „nein" oder „vielleicht".

	Ja	Nein	Vielleicht
die Lage der Region			
die Häuser			
Hotels			
Geschäfte			
eine Beschreibung der Gegend			
die Charaktereigenschaften der Leute			
das Klima			
das Wetter			
die Einwohnerzahl			
Restaurants			
Kochkurse			
die Unterhaltungsindustrie			
das Nachtleben			
das kulturelle Angebot			
Sportanlagen			
Sehenswürdigkeiten			
Banken			
Kreditkarten			
Informationen über die wirtschaftliche Situation, z.B. Jobs			

▶2 LESEN

Arbeiten Sie zu zweit.

- Lesen Sie den folgenden Text mindestens zweimal.
- Suchen Sie in einem Wörterbuch die Wörter und Ausdrücke, die Ihnen unbekannt sind, oder besprechen Sie den Sinn von unbekannten Wörtern mit Ihrem Partner/Ihrer Partnerin.
- Tragen Sie diese Wörter und Ausdrücke auf ein neues Vokabelblatt ein.

Descriptive/Informative

KUALA LUMPUR

Schicke Shopping-Paläste, geschmackvolle Restaurants oder hippe Hotels – ein Aufenthalt in Kuala Lumpur ist ein großartiges Erlebnis!

Kuala Lumpur ist die malaysische Metropole, die immer mehr Besucher verlockt, immer länger zu bleiben. Kein Wunder, denn die Angebote werden immer vielfältiger und so wird sich auch das Preis-Leistungsverhältnis immer weiter verbessern.

Im Malaysia Hotel in Kuala Lumpur hat alles angefangen. Man änderte den Namen zu „Malaysia Resort". Im tropischen Garten gibt es nicht nur einen größeren Swimmingpool als vorher, sondern auch einen Whirlpool. Da vergisst man schnell den Jetlag. Immer mehr Hotels in Kuala Lumpur – und nicht nur die der teuren Spitzenklasse – bieten besondere Schwimmvergnügen in außergewöhnlichen Schwimmbädern und Spaß an.

Sehr lebendig ist diese Metropole, die noch mehr als die neuesten Trends in der Hotelwelt bietet. Hier werden viele erstklassige Restaurants für den großen *und* den kleinen Geldbeutel angeboten. Zur Zeit sind diverse Kochkurse sehr beliebt, die in die Geheimnisse der asiatischen Küche einführen. So kann man sich auch zu Hause noch an der asiatischen Küche erfreuen und bei Dinnerpartys können die Freunde verwöhnt werden.

Was wäre aber Kuala Lumpur ohne Einkaufstour? Sicherlich kein kompletter Urlaub! Längst gibt es auch eigene Produkte aus der einheimischen Industrie, die neben den zahlreichen Imitaten angeboten werden. Hier kann man tolle Schnäppchen machen. Bei den gefragtesten Adressen der Stadt ist man in den besten Händen, was sich jedoch auch in den Preisen widerspiegelt. Wer mehr Wert auf Trends legt, sollte den Boutiquen einen Besuch abstatten, die erstklassig sind. Hier gibt es Top-Design für weniger Geld.

Neben den tollen Hotels, Restaurants und verlockenden Shops dürfen aber nicht die Tempel, Museen und die vielen anderen Sehenswürdigkeiten, die Kuala Lumpur zu bieten hat, vergessen werden. Bei einem Besuch in Kuala Lumpur werden Sie alles finden, was das Herz begehrt.

▶ 3 VERGLEICHEN

Arbeiten Sie mit den Leuten, mit denen Sie auch Aufgabe 1 gemacht haben.

- Vergleichen Sie die Ergebnisse Ihrer Besprechung aus Aufgabe 1 mit dem Text selbst.
- Was hatten Sie richtig vorhergesagt?
- Hat der Autor über Dinge geschrieben, an die Sie nicht gedacht hatten?

▶ 4 ORDNEN

Arbeiten Sie jetzt alleine.

- Bringen Sie die folgenden Teile des Textes in die richtige Reihenfolge.

Entwicklung des Tourismus

Zusammenfassung dessen, was Kuala Lumpur zu bieten hat

Beschreibung der Hotels

Überschrift

Einleitender Überblick

Beschreibung der Restaurants

Beschreibung der Einkaufsmöglichkeiten

ADVANCE MATERIALS: GUT LESEN, BESSER SCHREIBEN

Descriptive/Informative

▶ 5 FINDEN

Arbeiten Sie alleine oder zu zweit.

- Suchen Sie im Text die fehlenden Elemente für die Tabelle. Es handelt sich um Konstruktionen mit Adjektiven, die in der Grundform, im Komparativ oder im Superlativ stehen.

Grundform	Komparativ	Superlativ
schicke Shopping-Paläste	die schickeren Shopping-Paläste	die schicksten Shopping-Paläste
	die geschmackvolleren Restaurants	die geschmackvollsten Restaurants
	die hipperen Hotels	die hippsten Hotels
	ein großartigeres Erlebnis	das großartigste Erlebnis
viele Besucher		die meisten Besucher
einen großen Swimmingpool		den größten Swimmingpool
viele Hotels		die meisten Hotels
die neuen Trends	die neueren Trends	
	tollere Schnäppchen	die tollsten Schnäppchen
bei den gefragten Adressen	bei den gefragteren Adressen	
in guten Händen	in besseren Händen	

▶ 6 ÜBEN

Arbeiten Sie alleine.

- Übersetzen Sie die folgenden englischen Konstruktionen ins Deutsche.
- Schreiben Sie dann noch mindestens drei eigene Beispiele.

BEISPIEL

The biggest pools: *die größten Pools*

- The better restaurants: die _____ Restaurants
- The more interesting trends: die _____ _____
- The most sought-after hotels: _____ _____ _____
- The bigger shops: _____
- More sights : _____

ADVANCE MATERIALS: GUT LESEN, BESSER SCHREIBEN

▶ 7 UNTERSUCHEN

Arbeiten Sie alleine oder zu zweit.

- Entscheiden Sie, ob die folgenden Sätze im Passiv oder im Futur (Tempus der Zukunft) geschrieben worden sind.
- Kreuzen Sie in der Tabelle für jeden Satz entweder „Passiv" oder „Zukunft" an.

	Passiv	Futur/Zukunft
... und so wird sich auch das Preis-Leistungsverhältnis immer weiter verbessern.		x
... und bei Dinnerpartys können die Freunde verwöhnt werden.		
... eigene Produkte aus der einheimischen Industrie, die neben den zahlreichen Imitaten angeboten werden.		
Neben den tollen Hotels, Restaurants und verlockenden Shops dürfen aber nicht die Tempel, Museen und die vielen anderen Sehenswürdigkeiten, die Kuala Lumpur zu bieten hat, vergessen werden.		
Bei einem Besuch in Kuala Lumpur werden Sie alles finden, was das Herz begehrt.		

▶ 8 UMSCHREIBEN

Arbeiten Sie alleine oder zu zweit.

- Schreiben Sie die folgenden Elemente wie im Beispiel um. Hier benutzen Sie das Passiv.

BEISPIEL

teuersten Souvenirs – von europäischen Touristen – kaufen

→ Die teuersten Souveniers **werden** von europäischen Touristen **gekauft**.

1. besten Hotels – von den reichsten Europäern – buchen
2. kleineren Geschäfte – von den meisten Touristen – meiden.
3. malaysischen Produkte – von den einheimischen Verkäufern – anbieten.
4. hippsten Pools – von fröhlichen Leuten – besuchen
5. besten Theaterplätze – von kultivierten Leuten – reservieren

▶ 9 RECHERCHIEREN

Arbeiten Sie in einer kleinen Gruppe (3–4).

- Sie bereiten die Beschreibung einer Gegend als Urlaubsziel vor. Diese Gegend kann in Deutschland, in Österreich oder in der Schweiz liegen.
- Bestimmen Sie ein Gruppenmitglied zum Redakteur der Gruppe. Der Redakteur soll das Projekt leiten und koordinieren. Alle Gruppenmitglieder müssen kooperativ sein und auf den Redakteur hören.
- Benutzen Sie das Internet oder die Bibliothek. Benutzen Sie englische und deutsche Texte, um Informationen, Wörter und Strukturen zu finden. Teilen Sie die Arbeit auf.

ADVANCE MATERIALS: GUT LESEN, BESSER SCHREIBEN

▶10 SCHREIBEN

Arbeiten Sie weiter als Gruppe.

- Teilen Sie die Arbeit auf. Schreiben Sie jeweils zu zweit einen Teil der Textstruktur wie in Übung 4 beschrieben. (Überschrift/Einleitender Überblick/ Entwicklung des Tourismus/Beschreibung der Hotels/Beschreibung der Restaurants/Beschreibung der Einkaufsmöglichkeiten/Zusammenfassung dessen, was der Ort zu bieten hat).

- Schreiben Sie, wo möglich auf dem Computer, nach dem Titel des Strukturteils einen Absatz über Ihr ausgewähltes Urlaubsziel, z.B. Berlin.

- Vergessen Sie nicht die folgenden grammatischen Strukturen zu benutzen:

Passiv

Futur

Adjektive (in der Grundform sowie im Komparativ und im Superlativ)

Konjunktionen (und, oder, aber, sowohl… als auch, obwohl, usw.)

▶11 BEARBEITEN

Wenn diese Absätze fertig sind, tauschen Sie Ihren Abschnitt mit dem eines anderen Paares aus Ihrer Gruppe und korrigieren Sie diesen.

- Korrigieren Sie sprachliche Fehler.
- Was ist gut am Entwurf der anderen Gruppe?
- Was könnte verbessert werden?
- Seien Sie fair!

▶12 FERTIG STELLEN

Arbeiten Sie weiterhin in Ihrer Gruppe.

- Korrigieren Sie Ihre Arbeit und integrieren Sie konstruktive Vorschläge der anderen.
- Wählen Sie einen Redakteur. Jeder Absatz wird jetzt zum Redakteur gemailt, und dieser bringt den ganzen Artikel in Ordnung.
- Dieser letzte Entwurf wird dann von der ganzen Klasse besprochen und wo nötig geändert.
- Schließlich können Bilder, Fotos und Cartoons eingescannt werden, und der ganze Text wird als Magazinartikel produziert.

UNIT 11: Bewerbungsbrief

UNIT FRAMEWORK

Outcome	Writing a job application
Writing skill	Using formal language to write a letter of application
Grammar/functional focus	Avoiding the use of the conditional
Audience	Employers
Preliminary grammar revision	Perfect and present tenses

TEXT FEATURES

This unit consists of an advertisement for a post in an hotel and the application written in answer to it. The application is both an informative and a persuasive text, in that the writer seeks to set out the facts of her professional career and capabilities, and to persuade the reader that she is the person most suited to this post.

Features of this text and others like it include the following.

- A fixed layout (see photocopiable sheets on pages 200 and 201): address, addressee, reference, etc.

- Fixed phrases: *Sehr geehrter Herr…/geehrte Frau…; mit freundlichen Grüßen…*

- A tightly controlled structure in which various aspects of the writer's background and hopes are set out, e.g. training, abilities, request for interview.

- A style which varies considerably from the English equivalents, using, for example, the direct *Ich freue mich…*, rather than the less 'pushy' *Ich würde mich freuen...* (cf. 'I should like to…' in English).

EINFÜHRUNG

Sie werden jetzt eine Stellenanzeige für einen Job in einem Hotel lesen und danach den formellen Brief, der als Bewerbung darauf dient. Zuerst überlegen Sie, was für einen Brief man schreibt, wenn man sich für einen Job bewirbt? Sollte er freundlich und vertraut sein? Oder eher formell? Was für Ausdrücke muss man benutzen?

▶1 VORHERSAGEN

Aim: to prepare students for the reading comprehension by encouraging them to focus on features and vocabulary which typify such letters.

Students discuss the type of information which might appear in a letter of application for the job of purchasing manager as shown in the advert supplied.

You could build up a list on the white board, on an OHP or on an IAWB. The following might be suggested and others can be added as appropriate:

POSSIBLE ANSWER

Adresse des Bewerbers/der Bewerberin

Adresse des Hotels/des Empfängers/der Empfängerin

Ort und Datum

ADVANCE MATERIALS: GUT LESEN, BESSER SCHREIBEN

128 Formal writing

Teacher's notes Unit 11

Name der Abteilungsleitung

Interesse am Job

Ausbildung

Fähigkeiten

Bitte um ein Vorstellungsgespräch

Grußformel

Anlagen

▶ 2 LESEN

Students should read the text at least twice. They should discuss possible meanings of unknown words using the context to help them, before using reference material such as a dictionary or glossaries. All suggestions could be written on a whiteboard or IAWB. Students should then enter new words and expressions on a new vocabulary sheet (see page 199) under the headings below. Alternatively, you could print a cumulative version of their suggestions from the IAWB.

Textart: Formelles Schreiben

Titel: Bewerbungsbrief

▶ 3 VERGLEICHEN

Aim: to focus students' attention on the vocabulary and features which did come up in the article and to compare these with their own predictions.

Students now compare the list they compiled in Exercise 1 with the features and vocabulary mentioned in the text. If you have an electronic version of the original list you could print copies for your students to use as a checklist and to which they could add further information. Alternatively, they can work with the lists they compiled in pairs. They could mark words on their list which do not appear in the text for use later in Exercise 9, in which they will make their own application.

▶ 4 FINDEN

Aim: to teach students commonly used and useful letter phrases.

Students examine the text to find the German equivalent of the English words and expressions given. Point out that this type of vocabulary is not specific to the letter under examination, but will be usable in similar letters, both in the context of the examination and in real life.

ANSWER

a Dear Mrs Schuster	*Sehr geehrte Frau Schuster*
b I refer to your job advertisement	*Ich beziehe mich auf Ihr Stellenangebot*
c with great interest	*mit großem Interesse*
d your offer suits my professional profile perfectly	*Ihr Angebot passt perfekt zu meinem beruflichen Profil*
e my abilities	*meine Fähigkeiten*
f after my training	*nach meiner Ausbildung*
g I have acquired extensive experience	*Ich habe umfassende Erfahrungen gesammelt*
h I have finished my training	*Ich habe meine Ausbildung abgeschlossen*

ADVANCE MATERIALS: GUT LESEN, BESSER SCHREIBEN

Formal writing

i I would like to meet you personally	*Gern stelle ich mich persönlich vor*
j yours sincerely	*mit freundlichen Grüßen*
k enclosures	*Anlagen*

▶ 5 ORDNEN

Aim: to get students to examine the structure of the letter.

In this exercise, students examine the structure of the letter and arrange the given summary titles in the correct order. They should later use this order in their own applications (Exercise 10). Point out that *Anrede* here means 'opening' (i.e. 'Dear Sir; Dear Mrs…', etc.)

ANSWER

1. Adresse des Bewerbers/der Bewerberin
2. Adresse des Empfängers/der Empfängerin
3. Anrede
4. Bewerbungsgründe
5. Berufliche Erfahrungen
6. Briefschluss
7. Liste der Anlagen

▶ 6 ZUORDNEN

Aim: to help students identify frequently used phrases which can be used in other contexts.

Students match English words and expressions from job applications to their German equivalents. You might like to point out that not all pairs are direct translations, because they use the typical register of job applications.

ANSWER

1d, 2h, 3j, 4i, 5a, 6b, 7e, 8g, 9c, 10f

▶ 7 ENTSCHEIDEN

Aim: to help students become more familiar with the formal style required for letter writing.

This exercise should be done as a whole class with quite a bit of input from the teacher. Students see if they can deduce some of the conventions for formal letter writing on the basis of the letter that they have and establish for themselves what is good style and what is not. Point out that every culture has its own way of formalising language, and this exercise will focus on the German conventions, so while 'I should like to…' may be a perfectly normal expression in a formal letter written in English, *Ich würde mich freuen…* is not used in German formal letters.

If you think it would be helpful, you could show students an example of a formal letter written in English and ask them to pick out the linguistic peculiarities of formal English.

ADVANCE MATERIALS: GUT LESEN, BESSER SCHREIBEN

130 Formal writing

ANSWER

	Ja	Nein	Was sollte man tun?
viele Konjunktive benutzen z.B. „Ich würde mich freuen…"		x	<u>keine</u> Konjunktive benutzen
keine indirekten Formulierungen mit „man" verwenden	x		
einen eher förmlichen Ton wählen	x		
am Anfang des Briefes „Sehr geehrte Damen und Herren" schreiben		x	Namen benutzen – wenn man die Namen nicht kennt, sollte man sie herausfinden!
Bezugszeile (z.B. Ihre Anzeige im Stadtkurier Hohenhausen vom 13.2.2005) fett markieren	x		
Text des Briefes soll sich in sieben Teile gliedern		x	drei Teile
Formulierungen wie „Hiermit bewerbe ich mich um…" benutzen		x	<u>keine</u> zu förmlichen Formulierungen
Formulierungen wie „Ihr Inserat hat mich neugierig gemacht…" benutzen	x		
Im Mittelpunkt des Bewerbungsbriefes steht eine Beschreibung, warum diese Stelle der perfekte Job für den Bewerber/die Bewerberin ist.	x		
zum Abschluss schreiben „Ich würde mich über eine Einladung zu einem persönlichen Gespräch freuen."		x	keine Konjunktive benutzen, stattdessen: „Ich freue mich auf eine Einladung zu einem persönlichen Gespräch."

▶ 8 VERVOLLSTÄNDIGEN

Aim: to consolidate students' knowledge of written style and get them to create a checklist for themselves.

With the help of each of the points from the table in Exercise 7, students now use the imperative to formulate rules guiding the letter writer in the writing of formal letters.

ANSWER

1. Benutzen Sie keine Konjunktive.
2. Vermeiden Sie indirekte Formulierungen mit „man".
3. Wählen Sie einen eher förmlichen Ton.
4. Benutzen Sie am Anfang des Briefes Namen. (Wenn Sie die Namen nicht kennen, finden Sie sie heraus.)
5. Markieren Sie die Bezugszeile fett.
6. Gliedern Sie Ihren Brief in drei Teile.
7. Benutzen Sie keine zu förmlichen Formulierungen.
8. Benutzen Sie Formulierungen wie „Ihr Inserat hat mich neugierig gemacht".
9. Beschreiben Sie im Mittelpunkt des Briefes, warum diese Stelle der perfekte Job für Sie ist.

ADVANCE MATERIALS: GUT LESEN, BESSER SCHREIBEN

10 Vermeiden Sie zum Abschluss Konjunktive. Schreiben Sie stattdessen: „Ich freue mich auf eine Einladung zu einem persönlichen Gespräch".

▶ 9 RECHERCHIEREN

Aim: to get students to carry out preparatory information-gathering and vocabulary-finding necessary for writing a letter of application.

Students use the Internet to find a job advertisement which interests them. Using **www.google.de**, they type in *Stellenangebote* + (field which interests them), e.g. *Hotels, Musikindustrie, Reisebüros, Finanz*.

Once they have found an advertisement, they should print it and examine it carefully, noting useful vocabulary to do with the job or field of work, as well as the requirements for replying, e.g. form-filling, CV, handwritten letter, photo, etc. The printed version of the advertisement will be required for Exercise 10.

▶ 10 SCHREIBEN

Aim: to get students to apply the knowledge they have gained to formulate a letter of application.

Students now write a letter applying for the selected job. They should refer to Exercises 2–4 and 6 for useful vocabulary, and Exercise 5 for the structural format of the letter. The letter should be word-processed. They may also find it useful to use the template on page 202.

Once completed, the letters can be checked for accuracy and style either by other students or by you. They can be posted on the noticeboard next to the Internet printouts of the advertisements to which they are the replies.

If you wish to have a follow-up interactive oral exercise, then the following is suggested.

Once the letters are completed and printed, organise the class into 'interview panels' of two or three students. The printed job advertisements and the letters of application are submitted to these panels. They examine the letters and decide whether the applications fit the requirements specified in the advertisements, and whether the writer is a suitable candidate for interview. The panels could then interview the candidate. Individual students could take on particular roles to examine the candidate's knowledge and his/her genuine interest in the job.

ADVANCE MATERIALS: GUT LESEN, BESSER SCHREIBEN

UNIT 11: Bewerbungsbrief

▶1 VORHERSAGEN

ANZEIGE AUS DEM STADTKURIER HOHENHAUSEN, 13.2.2005

Hotel Goethe in Hohenhausen sucht:

Mitarbeiter/in im Einkauf

Erforderlich sind Erfahrungen im Hotel- und Gaststättengewerbe. Schriftliche Bewerbung mit den üblichen Unterlagen an Frau Hanna Schuster in der Personalabteilung, Hotel Goethe, Hunnenstraße 75, 39816 Hohenhausen.

Arbeiten Sie zu zweit oder in einer kleinen Gruppe.

- Welche Informationen würden Sie in einem Bewerbungsbrief auf die obige Anzeige erwarten?
- Führen Sie diese Liste fort:

    Adresse des Bewerbers/der Bewerberin

    usw.

▶2 LESEN

Arbeiten Sie zu zweit.

- Lesen Sie den folgenden Bewerbungsbrief mindestens zweimal.
- Suchen Sie in einem Wörterbuch die Wörter und Ausdrücke, die Ihnen unbekannt sind, oder besprechen Sie den Sinn von unbekannten Wörtern mit Ihrem Partner/Ihrer Partnerin.
- Tragen Sie diese Wörter und Ausdrücke auf ein neues Vokabelblatt ein.

Maria Neumann
Weberstraße 46
39816 Hohenhausen
Tel. 08493/29738
E-Mail: M.Neumann@on-line.de

Hotel Goethe
Personalabteilung
Frau Hanna Schuster
Hunnenstraße 75
39816 Hohenhausen

Hohenhausen, 16.2.2005

Ihre Anzeige im Stadtkurier Hohenhausen vom 13.2.2005
Bewerbung als Mitarbeiterin im Einkauf

Sehr geehrte Frau Schuster,

ich beziehe mich auf Ihr Stellenangebot im Hohenhausener Stadtkurier vom 13. Februar. Mit großem Interesse habe ich Ihre Anzeige gelesen. Sofort traf ich die Entscheidung, mich auf diese Stelle zu bewerben, denn Ihr Angebot passt perfekt zu meinem beruflichen Profil und meinen Fähigkeiten.

Nach meiner Ausbildung zur Hotelfachfrau habe ich zwei Jahre lang im Hotel- und Gaststättengewerbe gearbeitet und dabei umfassende Erfahrungen gesammelt. Meine zusätzliche Ausbildung zur Industriekauffrau, die ich im Oktober letzten Jahres abgeschlossen habe und die mir sehr viel Spaß gemacht hat, qualifiziert mich für die von Ihnen angebotene Stelle. In dieser zweiten Ausbildung wurde viel Wert auf kaufmännische Praxis im Beschaffungsbereich sowie auf Materialmanagement gelegt. Deshalb traue ich mir einen beruflichen Einstieg im Hotel Goethe durchaus zu.

Gern stelle ich mich persönlich bei Ihnen vor. Auf eine Einladung zu einem Gespräch freue ich mich sehr.

Mit frendlichen Grüßen

Maria Neumann

Maria Neumann
Anlagen:
Bewerbungsunterlagen

▶ 3 VERGLEICHEN

Arbeiten Sie mit den Leuten, mit denen Sie auch Aufgabe 1 gemacht haben.

- Vergleichen Sie die Ergebnisse Ihrer Besprechung aus Aufgabe 1 mit dem Text selbst.
- Was hatten Sie richtig vorhergesagt?
- Hat die Schreiberin über Dinge geschrieben, an die Sie nicht gedacht hatten?

▶ 4 FINDEN

Arbeiten Sie alleine oder zu zweit.

- Finden Sie im Brief die deutschen Übersetzungen zu den englischen Ausdrücken auf der Liste.

a	Dear Mrs Schuster	
b	I refer to your job advertisement	
c	with great interest	
d	your offer suits my professional profile perfectly	
e	my abilities	
f	after my training	
g	I have gathered extensive experience	
h	I have finished my training	
i	I would like to meet you personally	
j	yours sincerely	
k	enclosures	

▶ 5 ORDNEN

Arbeiten Sie alleine.

- Bringen Sie die folgenden Strukturelemente in dieselbe Reihenfolge, in der sie im Brief vorkommen.

Berufliche Erfahrungen

Anrede

Briefschluss

Adresse des Empfängers/der Empfängerin

Adresse des Bewerbers/der Bewerberin

Liste der Anlagen

Bewerbungsgründe

▶ 6 ZUORDNEN

Arbeiten Sie alleine oder zu zweit.

- Lesen Sie die deutschen und englischen Vokabeln und Ausdrücke, die alle in einem Bewerbungsbrief vorkommen könnten. Was gehört zusammen?
- Wenn Sie Ihre Antworten überprüft haben, sollten Sie neue Wörter und Ausdrücke auf das Vokabelblatt dieser Lektion schreiben und lernen.

BEISPIEL - 1d

1 I'd like a career that has something to do with	a *ich möchte mich bei Ihnen um eine Stelle bewerben*
2 (personal) character	b *persönliche Daten*
3 application form	c *beiliegend*
4 curriculum vitae	d *ich möchte einen Beruf in*
5 I'd like to apply for a job in your firm/company	e *meine Qualifikationen*
6 personal details	f *die Berufserfahrung*
7 my qualifications	g *die Unterlagen*
8 documents	h *die Eigenschaften*
9 enclosed	i *der Lebenslauf*
10 professional experience	j *das Bewerbungsformular*

▶7 ENTSCHEIDEN

Diskutieren Sie im Plenum.

- Schauen Sie sich den Brief noch einmal an und entscheiden Sie, ob die Tipps auf der Liste unten für deutsche Bewerbungsbriefe stimmen.
- Kreuzen Sie an und berichtigen Sie die Tipps, für die Sie „Nein" angekreuzt haben.

	Ja	Nein	Was sollte man tun?
viele Konjunktive benutzen z.B. „Ich würde mich freuen…"		x	<u>keine</u> Konjunktive benutzen
keine indirekten Formulierungen mit „man" verwenden			
einen eher förmlichen Ton wählen			
am Anfang des Briefes „Sehr geehrte Damen und Herren" schreiben			
Bezugszeile (z.B. Ihre Anzeige im Stadtkurier Hohenhausen vom 13.2.2005) fett markieren			
Text des Briefes soll sich in sieben Teile gliedern			
Formulierungen wie „Hiermit bewerbe ich mich um…" benutzen			
Formulierungen wie „Ihr Inserat hat mich neugierig gemacht…" benutzen			
Im Mittelpunkt des Bewerbungsbriefes steht eine Beschreibung, warum diese Stelle der perfekte Job für den Bewerber/die Bewerberin ist.			
Zum Abschluss schreiben „Ich würde mich über eine Einladung zu einem persönlichen Gespräch freuen."			

ADVANCE MATERIALS: GUT LESEN, BESSER SCHREIBEN

▶ 8 VERVOLLSTÄNDIGEN

Arbeiten Sie alleine oder zu zweit.

- Schreiben Sie nun eine Checkliste mit Punkten, die man bei einer Bewerbung beachten sollte.
- Schreiben Sie Sätze mit Imperativen.
- Benutzen Sie die Informationen aus der Tabelle in Übung 7.
- Der erste Punkt ist als Beispiel bereits formuliert.

1 Benutzen Sie keine Konjunktive.

2 Vermeiden Sie_____.

3 Wählen Sie _____.

4 B_____.

5 M_____.

6 _____.

7 _____.

8 _____.

9 _____.

10 Vermeiden Sie _____. Schreiben Sie _____.

▶ 9 RECHERCHIEREN

Arbeiten Sie zu zweit.

- Suchen Sie im Internet nach einem Job. Benutzen Sie z.B www.Google.de als Suchmaschine und tippen Sie dann „Stellenangebote" + das Berufsfeld, das sie interessiert, z.B. „Stellenangebote + Mechaniker".
- Wenn Sie ein Stellenangebot gefunden haben, das Sie interessiert, drucken Sie es aus.
- Lesen Sie nun die Anzeige gut durch und listen Sie auf, was für die Bewerbung benötigt wird. Machen Sie auch eine Liste von nützlichen Vokabeln und Ausdrücken, die Sie benutzen können, wenn Sie für Aufgabe 10 einen Bewerbungsbrief auf dieses Stellenangebot schreiben.

▶ 10 SCHREIBEN

Arbeiten Sie alleine.

- Schreiben Sie jetzt einen Bewerbungsbrief für den gewählten Job.
- Benutzen Sie die Wörter und Ausdrücke, mit denen Sie in Aufgaben 2–6 gearbeitet haben.
- Vergessen Sie nicht die Checklisten aus Aufgaben 7 und 8 zu benutzen.

UNIT 12: Die Presse

UNIT FRAMEWORK

Outcome	Writing a serious article based on information from a tabloid article
Writing skill	Choosing an appropriate style
Grammar/functional focus	Use of the subjunctive in indirect speech
Audience	Readers of serious newspapers
Preliminary grammar revision	Formation of the subjunctive

TEXT FEATURES

This unit compares and contrasts serious and tabloid newspapers. The text features of these two are given in the answer to Exercise 10, which is given here for preliminary reference. These features are, of course, broad generalisations, and many exceptions will be found. It is important, however, that students should be aware of these generalities. They should be able to alter their own written style for different audiences (see A Level and I.B. specifications), and the contrast between the two styles given here is broad enough and obvious enough to provide a clear and marked contrast.

	Boulevardpresse	Seriöse Presse
einfache, kurze Sätze	x	
Sätze ohne Verb	x	
komplizierte Sätze		x
direkte Rede	x	
indirekte Rede		x
viele Passive		x
Konjunktiv		x
einfacher Wortschatz	x	
komplizierter Wortschatz		x
Umgangssprache	x	
oft im Präsens	x	
oft im Imperfekt		x
viele Adjektive und Adverbien	x	
Wörter, die Emotionen hervorrufen	x	
sensationell	x	
sachlich		x
eher objektiv		x
eher subjektiv	x	
verschiedene Drucktypen	x	
große Schlagzeilen	x	
kleinere Schlagzeilen		x
viele Bilder oder Fotos	x	

ADVANCE MATERIALS: GUT LESEN, BESSER SCHREIBEN

EINFÜHRUNG

Wir werden uns in dieser Einheit Artikel aus zwei verschiedenen Zeitungen anschauen und die Unterschiede erarbeiten. Was wissen Sie schon über deutsche Zeitungen?

- Welche Zeitungen gibt es in Deutschland?
- Sind diese Tageszeitungen oder Wochenzeitungen?
- Gibt es viele regionale Zeitungen?
- Sind diese wichtiger als die überregionalen (= nationalen) Zeitungen, also werden davon mehr Exemplare verkauft?
- Sind einige Zeitungen intellektueller als andere?
- Was für Artikel liest man wohl in seriösen Zeitungen? Und in der Boulevardpresse?

▶1 UNTERSUCHEN

Aim: to raise students' awareness of the variety of different newspapers in Germany.

In this unit students read articles from both serious and tabloid newspapers. Because of this, the unit is longer and its organisation is different from the others in this book, and you may wish to divide it into two or three sessions, perhaps using homework as an opportunity for students to prepare or read a text, complete exercises or draft their writing.

Examples of real German newspapers of all varieties would be a useful addition to the class resources at this point. Students could examine various examples in pairs, comparing a broadsheet with a tabloid, a national newspaper with a local one. This will stimulate the short-term memory, so that current knowledge and awareness may be employed when students come to consider the text and its accompanying exercises.

Students work in pairs to investigate different newspapers. This could be done on-line or with hard copies of a variety of papers. If you have hard copies, ask students to work in pairs, working through one copy at a time. Then they swap. They note down their findings on the copymaster on the following page.

Name der Zeitung?	Preis?	Lokale, regionale oder überregionale?	Seitenzahl?	Werbung? Wofür? (z.B. Luxusartikel, Gebrauchsartikel, Medizin, Spielzeug)	Bilder/Fotos? Wovon? Farbe? Wie viele pro Seite?	Titelseite? Lay-out? Farbe? Bilder? Schrift?	Sprache in Artikeln? Komplizierte Wörter? Passive? Konjunktive? Lange/ kurze Sätze?	Länge der Artikel? Lang, mittellang oder kurz?

Formal writing

If hard copies are not available, students could investigate papers on-line, either at home or in class.

The following table has been filled out as an example for various German newspapers.

Titel	Wo?	Wie oft?	Zeitungsart	Internet-Adresse
Bild	überregional	Tageszeitung	Boulevardzeitung	www.bild.de
Süddeutsche Zeitung	überregional	Tageszeitung	seriöse Presse	www.sueddeutsche.de
Frankfurter Allgemeine Zeitung	überregional	Tageszeitung	seriöse Presse	www.faz.de
Die Welt	überregional	Tageszeitung	seriöse Presse	www.welt.de
Kölnische Rundschau	regional	Tageszeitung	seriöse Presse	www.rundschau-online.de
Sächsische Zeitung	regional	Tageszeitung	seriöse Presse	www.saechsische-zeitung.asp
WAZ (Westdeutsche Allgemeine Zeitung)	regional, mit verschiedenen Lokalteilen	Tageszeitung	seriöse Presse	www.waz.de
Werbepost Bergheim	lokal	Wochenzeitung	Boulevardzeitung	www.werbe-post.de
Bild am Sonntag	überregional	Sonntagsblatt	Boulevardpresse	www.bams.de
Die Zeit	überregional	Wochenzeitung	seriöse Presse	www.zeit.de
Rheinischer Merkur	überregional	Wochenzeitung	seriöse/religiöse Presse	www.merkur.de

▶ 2 VORHERSAGEN

Aim: to get students to concentrate on some of the features of the broadsheet press.

Having discussed some of the differences between the various types of newspaper (national, regional, serious, tabloid), students now predict the sorts of features they may find. They mark off in the table the elements they think they will find in a broadsheet newspaper.

ANSWER

Die seriöse Presse hat oft:	
einfache, kurze Sätze	
lange, komplizierte Sätze	x
Sätze ohne Verb	
direkte Rede	
indirekte Rede	x
einen einfachen Wortschatz	
komplizierte Wörter	x
Fachsprache	x

ADVANCE MATERIALS: GUT LESEN, BESSER SCHREIBEN

das Tempus Präsens	
Verben im Konjunktiv	x
Verben im Passiv	x
viele Adjektive und Adverbien	
Wörter und Phrasen, die Emotionen hervorrufen	
objektive Stellungnahmen	x
subjektive Stellungnahmen	

▶ 3 LESEN

Students should read the text at least twice. They should discuss possible meanings of unknown words using the context to help them, before using reference material such as a dictionary or glossaries. All suggestions could be written on a whiteboard or IAWB. Students should then enter new words and expressions on a new vocabulary sheet (see page 199) under the headings below. Alternatively, you could print a cumulative version of their suggestions from the IAWB.

Textart: Zeitungsartikel

Titel: Debatte um die Sicherheit deutscher Kernkraftwerke

▶ 4 VERGLEICHEN

Aim: to focus students' attention on the features which did come up in the article and to compare these with their own predictions.

Students compare the text with their notes from Exercise 2 and establish whether there are, in fact, examples of the features which they expected. You could ask them to give you one example of each type that they find orally.

▶ 5 FINDEN

Aim: to encourage students to broaden their vocabulary by finding synonymous (or near-synonymous) expressions as a preparation for their own writing.

Students seek synonymous expressions in the text for those given in the table. You could point out that words are never exactly synonymous, but having a large stock of near-synonyms enables one both to understand a wider variety of texts and to vary one's writing, thus rendering it more interesting. If students find this exercise too difficult, you might like to provide them with the words from the left-hand column (but jumbled up), and when they have matched the words tell them to find them in the article.

ANSWER

Im Text	Entsprechungen/Synonyme
offensichtlichen	expliziten
gemeinten	betreffenden
sagte, das sei richtig	bestätigte
vielleicht	möglicherweise
insgesamt	zusammen gezählt
wenigstens, mindestens	zumindest
erkannt	registriert, verstanden

▶ 6 BENUTZEN

Aim: to ensure that students understand the basic facts of the article before working on style and register.

Students now use words from the box below the exercise to complete the gapped text. For purposes of differentiation, you could allow weaker students to refer back to the original text, while insisting that more able students complete the exercise without any such reference.

ANSWER

Hannes Weißherbst ist <u>Atomkritiker</u>. Er hat behauptet, dass das Atomkraftwerk Wintergarten 2 beim <u>Absturz</u> eines Flugzeuges nicht geschützt ist. Die GRS bestätigt in einem <u>Gutachten</u>, dass der <u>Kraftwerkstyp</u> von Wintergarten 2 keinen <u>expliziten</u> Schutz gegen einen möglichen <u>Flugzeugabsturz</u> hat. Das Umweltministerium sagte dazu, dass Herr Weißherbst <u>möglicherweise</u> nicht richtig informiert sei. Laut GRS sind <u>insgesamt</u> acht <u>Kernkraftwerke</u> nicht gegen einen <u>Flugzeugabsturz</u> geschützt.

▶ 7 UMSCHREIBEN

Aim: to teach students about the use of the subjunctive in indirect speech in formal writing.

The text contains a number of examples of indirect speech (where a tabloid might carry the actual wording). This entails the use of the subjunctive mood. Students pick out the subjunctive verb in the slightly simplified sentences provided, decide which verb it comes from, possibly with the aid of a verb table, and then decide what the original words used were. Point out that where indirect speech sends the verb to the end of its clause, the verb must be restored to its original position in direct speech.

Point out, too, the idiomatic use of *so Weißherbst* to mean 'according to Weißherbst'. This abbreviated form (it has no verb of reporting) demands the use of the subjunctive as the speech is indirect.

ANSWER

1. Die Gesellschaft für Reaktorsicherheit (GRS) sagt in einem Gutachten zu dem Kraftwerkstyp von Wintergarten 2: „<u>Es gibt keinen offensichtlichen Schutz gegen einen möglichen Flugzeugabsturz.</u>"
2. Atomkritiker Hannes Weißherbst meinte: „<u>Das ist richtig.</u>"
3. In der Zusammenfassung des Gutachtens steht: „<u>Die anderen Kernkraftwerke sind wenigstens gegen den Absturz von Militärmaschinen geschützt.</u>"
4. In der Pressekonferenz am vergangenen Montag war vom Umweltministerium mitgeteilt worden: „<u>Wintergarten 2 ist auf jeden Fall gegen Flugzeugabstürze geschützt.</u>"

▶ 8 VORHERSAGEN

Aim: to get students to use their knowledge of the world to predict the text features that might be found in a German tabloid newspaper.

Students now read an article from the tabloid press on the same topic. They predict the linguistic features they will find. If they are unfamiliar with German tabloids, they could use their knowledge of British papers of this type, such as *The Sun* and *The Daily Mirror*. Ideally, they should look at examples of German tabloids in hard copy or on the Net.

ADVANCE MATERIALS: GUT LESEN, BESSER SCHREIBEN

Formal writing

ANSWER

	Ja	Nein
einfache, kurze Sätze	x	
lange, komplizierte Sätze		x
Sätze ohne Verb	x	
direkte Rede	x	
indirekte Rede		x
einfacher Wortschatz	x	
komplizierte Wörter		x
Fachsprache		x
das Tempus Präsens	x	
Verben im Konjunktiv		x
viele Adjektive und Adverbien	x	
Wörter und Phrasen, die Emotionen hervorrufen	x	
objektive Stellungnahmen		x
subjektive Stellungnahmen	x	

▶9 LESEN

Students read the photocopied text at least twice. They work with a partner to try to discover meanings and use a dictionary to look up any words they do not know. They enter any new vocabulary on a vocabulary sheet (see page 199) using the following headings:

Textart: Zeitungsartikel

Titel: Terrorgefahr

▶10 VERGLEICHEN

Aim: to get students to identify the features which typify tabloid newspapers and serious newspapers.

Students now compare the two texts and decide which features each type exhibits. The completed table provides a checklist for writing in the appropriate style and should be kept for reference.

ANSWER

	Boulevardpresse	Seriöse Presse
einfache, kurze Sätze	x	
Sätze ohne Verb	x	
komplizierte Sätze		x
direkte Rede	x	
indirekte Rede		x
viele Passive		x
Konjunktiv		x
einfacher Wortschatz	x	
komplizierter Wortschatz		x

ADVANCE MATERIALS: GUT LESEN, BESSER SCHREIBEN

Umgangssprache	x	
oft im Präsens	x	
oft im Imperfekt		x
viele Adjektive und Adverbien	x	
Wörter, die Emotionen hervorrufen	x	
sensationell	x	
sachlich		x
eher objektiv		x
eher subjektiv	x	
verschiedene Drucktypen	x	
große Schlagzeilen	x	
kleinere Schlagzeilen		x
viele Bilder oder Fotos	x	

▶11 ENTSCHEIDEN

Aim: to get students to recognise the difference between neutral and emotional language.

Students decide whether the sentences given are neutral in tone, or whether they have some emotional overtone or appeal to the sense of shock and fear. The emotionally charged text is a feature of tabloid journalism and appeals to the heart rather than to the mind. Students should be made aware of the fact that emotional journalism of this kind can sway people into having irrational, unjustified and prejudiced reactions to what they read, and that they should always be aware of the effect that the writer is attempting to produce in the reader.

ANSWER

1 Terrorgefahr! Mehrere deutsche Kernkraftwerke sofort vom Netz! (E)
2 Sofort die acht Atomkraftwerke abschalten, die noch aktiv sind! (E)
3 „Unsere Analysen haben uns überzeugt, dass mehrere Kernkraftwerke ungenügenden Schutz bei Terrorangriffen bieten." (N)
4 Die Deutschen sind nicht vor möglichen Angriffen mit Passagierflugzeugen geschützt! (N)

▶12 BEARBEITEN

Aim: to help students become aware of the alterations they will have to make when rewriting an article for a different audience.

Students now work on a tabloid text in preparation for rewriting it as a serious newspaper article. They are thus writing for a different audience. In pairs or in groups, they discuss the alterations that will need to be made both in the language and in the tone. They consider the question prompts which are given. They then draft a serious version and circulate it to other groups for discussion and amendment.

Alternatively, students could plan the work in class and then write it out at home.

▶13 SCHREIBEN

Aim: to get students to produce a text which demonstrates awareness of audience and appropriate linguistic forms.

When they are satisfied with the criticisms and suggestions from other groups, each editing group produces the article in desktop published form, attempting to make the work as authentic in appearance as possible. Images may be scanned in or imported from the Internet.

ADVANCE MATERIALS: GUT LESEN, BESSER SCHREIBEN

UNIT 12: Die Presse

▶ 1 UNTERSUCHEN

Arbeiten Sie zu zweit.

- Sehen Sie sich verschiedene deutsche Zeitungen an.
- Machen Sie Notizen, die die Unterschiede der Zeitungen beschreiben.

▶ 2 VORHERSAGEN

Arbeiten Sie zu zweit oder in einer kleinen Gruppe.

- Sie werden einen Zeitungsartikel aus der seriösen Presse lesen. Welche Elemente erwarten Sie?
- Benutzen Sie die Tabelle und kreuzen Sie die relevanten Elemente an.

Die seriöse Presse hat oft:	
einfache, kurze Sätze	
lange, komplizierte Sätze	x
Sätze ohne Verb	
direkte Rede	
indirekte Rede	
einen einfachen Wortschatz	
komplizierte Wörter	
Fachsprache	
das Tempus Präsens	
Verben im Konjunktiv	

Verben im Passiv	
viele Adjektive und Adverbien	
Wörter und Phrasen, die Emotionen hervorrufen	
objektive Stellungnahmen	
subjektive Stellungnahmen	

▶ 3 LESEN

Arbeiten Sie zu zweit.

Lesen Sie den folgenden Text mindestens zweimal.

- Suchen Sie in einem Wörterbuch die Wörter und Ausdrücke, die Ihnen unbekannt sind, oder besprechen Sie den Sinn von unbekannten Wörtern mit Ihrem Partner/Ihrer Partnerin.
- Tragen Sie diese Wörter und Ausdrücke auf ein neues Vokabelblatt ein.

DEBATTE UM DIE SICHERHEIT DEUTSCHER KERNKRAFTWERKE

2. FEBRUAR

Das Atomkraftkraftwerk Wintergarten 2 bei Heimhausen ist laut Atomkritiker Hannes Weißherbst wohl nicht gegen Flugzeugabstürze geschützt. Auch die Gesellschaft für Reaktorsicherheit (GRS) sagt in einem Gutachten zu dem Kraftwerkstyp von Wintergarten 2, es gäbe keinen offensichtlichen Schutz gegen einen möglichen Flugzeugabsturz. Hannes Weißherbst, der an der Entwicklung dieses bestimmten Typus von Siedewasserreaktoren beteiligt war, sagte, das sei richtig. Das Umweltministerium jedoch hält dagegen, Weißherbst sei vielleicht nicht korrekt informiert worden.

Eine Zusammenfassung des Gutachtens zur Sicherheit der deutschen Atomkraftwerke bestätigt, dass insgesamt acht deutsche Kernkraftwerke bei ihrer Planung nicht gegen terroristische Anschläge mit Passagierflugzeugen geschützt wurden. Die anderen Kraftwerke seien wenigstens gegen den Absturz von Militärmaschinen geschützt.

Laut Weißherbst hätten die Fachleute die Möglichkeit eines Flugzeugabsturzes auf ein Atomkraftwerk überhaupt erst zu der Zeit erkannt, als mehrere Militärmaschinen bei Übungsflügen abgestürzt seien.

In der Pressekonferenz am vergangenen Montag war vom Umweltministerium mitgeteilt worden, Wintergarten 2 sei auf jeden Fall gegen Flugzeugabstürze geschützt. Wintergarten 2 habe keine Sicherheitsmängel, so das Ministerium, und weise einen guten Basisschutz auf. Zur weiteren Verbesserung der Sicherheit wurden nun noch neue Maßnahmen zur Tarnung der Kraftwerke bei konkreter Gefahr vorgeschlagen und ferner eine Reihe von Verbesserungen beim Notfallschutz und im Brandfall.

▶4 VERGLEICHEN

Arbeiten Sie mit den Leuten, mit denen Sie auch Aufgabe 2 gemacht haben.

- Vergleichen Sie die Ergebnisse Ihrer Besprechung aus Aufgabe 2 mit dem Text selbst.
- Was hatten Sie richtig vorhergesagt?
- Was hat der Journalist anders gemacht?

▶5 FINDEN

Arbeiten Sie alleine oder zu zweit.

- Suchen Sie im Text die Entsprechungen der folgenden Wörter und Ausdrücke.

Im Text	Entsprechungen/Synonyme
offensichtlichen	expliziten
	betreffenden
	bestätigte
	möglicherweise
	zusammen gezählt
	zumindest
	registriert, verstanden

▶6 BENUTZEN

Arbeiten Sie alleine oder zu zweit.

- Lesen Sie die folgende Zusammenfassung des Textes.
- Benutzen Sie Wörter aus dem Kasten unten, um die Lücken auszufüllen. Achtung: Es gibt mehr Wörter, als Sie brauchen!
- Versuchen Sie den originalen Text nur zu benutzen, wenn Sie ohne ihn überhaupt nicht mehr weiterkommen.

Hannes Weißherbst ist _____. Er hat behauptet, dass das Atomkraftwerk Wintergarten 2 beim _____ eines Flugzeuges nicht geschützt ist. Die GRS bestätigt in einem _____, dass der _____ von Wintergarten 2 keinen _____ Schutz gegen einen möglichen _____ hat. Das Umweltministerium sagte dazu, dass Herr Weißherbst _____ nicht richtig informiert sei. Laut GRS sind _____ acht _____ nicht gegen einen _____ geschützt.

> **informiert * expliziten * Kernkraftwerke * Gutachten * Kraftwerkstyp * vorgeschlagen * möglicherweise * Absturz * Flugzeugabsturz * Atomkritiker * deutschen * Flugzeugabsturz * Gesellschaft * insgesamt * Planung ***

▶7 UMSCHREIBEN

Arbeiten Sie zu zweit.

- In seriösen Zeitungstexten findet man viele Sätze in der indirekten Rede. Was haben die Redner oder Autoren wirklich gesagt?
- Hier sind einige vereinfachte Sätze aus dem Artikel. Suchen Sie zuerst sowohl die Originalversion der Sätze als auch die des Beispiels im Text.
- Unterstreichen Sie sie.
- Schreiben Sie dann die Sätze, wie im Beispiel gezeigt, in die direkte Rede um.

BEISPIEL

Das Umweltministerium hält dagegen, Weißherbst sei möglicherweise nicht korrekt informiert.

Das Umweltministerium hält dagegen: „Weißherbst ist möglicherweise nicht korrekt informiert."

1. Die Gesellschaft für Reaktorsicherheit (GRS) sagt in einem Gutachten zu dem Kraftwerkstyp von Wintergarten 2, es gäbe keinen offensichtlichen Schutz gegen einen möglichen Flugzeugabsturz.

    Die Gesellschaft für Reaktorsicherheit (GRS) sagt in einem Gutachten zu dem Kraftwerkstyp von Wintergarten 2: „…"

2. Atomkritiker Hannes Weißherbst meinte, das sei richtig.

    Atomkritiker Hannes Weißherbst meinte: „…"

3. In der Zusammenfassung des Gutachtens steht, die anderen Kernkraftwerke seien wenigstens gegen den Absturz von Militärmaschinen geschützt.

    In der Zusammenfassung des Gutachtens steht: „…"

4. In der Pressekonferenz am vergangenen Montag war vom Umweltministerium mitgeteilt worden, Wintergarten 2 sei auf jeden Fall gegen Flugzeugabstürze geschützt.

    In der Pressekonferenz am vergangenen Montag war vom Umweltministerium mitgeteilt worden: „…"

▶8 VORHERSAGEN

Arbeiten Sie alleine oder zu zweit.

- Sie werden jetzt einen Artikel zum gleichen Thema aus der Boulevardpresse lesen. Was erwarten Sie?
- Kreuzen Sie „Ja" oder „Nein" in der folgenden Tabelle an.

	Ja	Nein
einfache, kurze Sätze	x	
lange, komplizierte Sätze		x
Sätze ohne Verb		
direkte Rede		
indirekte Rede		
einfacher Wortschatz		
komplizierte Wörter		
Fachsprache		

ADVANCE MATERIALS: GUT LESEN, BESSER SCHREIBEN

das Tempus Präsens		
Verben im Konjunktiv		
viele Adjektive und Adverbien		
Wörter und Phrasen, die Emotionen hervorrufen		
objektive Stellungnahmen		
subjektive Stellungnahmen		

▶9 LESEN

Arbeiten Sie zu zweit.

- Lesen Sie den folgenden Text mindestens zweimal.
- Suchen Sie in einem Wörterbuch die Wörter und Ausdrücke, die Ihnen unbekannt sind, oder besprechen Sie den Sinn von unbekannten Wörtern mit Ihrem Partner/Ihrer Partnerin.
- Tragen Sie diese Wörter und Ausdrücke auf ein neues Vokabelblatt ein.

TERRORGEFAHR! MEHRERE DEUTSCHE KERNKRAFTWERKE SOFORT VOM NETZ!

Das Bundesamt für Strahlenschutz fordert: „Sofort die acht Atomkraftwerke abschalten, die noch aktiv sind!" Die Zeitungen berichteten gestern: „Unsere Analysen haben uns überzeugt, dass mehrere Kernkraftwerke ungenügenden Schutz bei Terrorangriffen bieten." Die Deutschen sind nicht vor möglichen Angriffen mit Passagierflugzeugen geschützt!

Das Umweltministerium kritisierte die deutsche Atomindustrie wegen ihrer Bummelei. Angesichts der Terrorgefahr meint der Umweltminister: „Die Verantwortlichen verhalten sich immer noch nicht so, wie es seit dem Angriff auf die USA im September 2001 nötig ist."

Schon seit einiger Zeit gab es Überlegungen zu einem bisher geheim gehaltenen Gutachten der Ministerien. Laut diesen Spekulationen ist keines unserer Kernkraftwerke wirklich gegen den Absturz einer Passagiermaschine geschützt!

▶10 VERGLEICHEN

Arbeiten Sie zu zweit.

- Vergleichen Sie die Textelemente in beiden Textsorten (Texte aus Aufgabe 3 und Aufgabe 9) und kreuzen Sie die entsprechende Spalte an.
- Sie fassen hiermit die Unterschiede zwischen der Boulevardpresse und der seriösen Presse zusammen. Das ist eine nützliche Tabelle, die Ihnen später beim Schreiben von Zeitungsartikeln helfen kann.

	Boulevardpresse	Seriöse Presse
einfache, kurze Sätze	x	
Sätze ohne Verb	x	
komplizierte Sätze		x
direkte Rede		
indirekte Rede		
viele Passive		
Konjunktiv		
einfacher Wortschatz		
komplizierter Wortschatz		
Umgangssprache		
oft im Präsens		
oft im Imperfekt		
viele Adjektive und Adverbien		
Wörter, die Emotionen hervorrufen		
sensationell		
sachlich		
eher objektiv		
eher subjektiv		
verschiedene Drucktypen		
große Schlagzeilen		
kleinere Schlagzeilen		
viele Bilder oder Fotos		

▶11 ENTSCHEIDEN

Arbeiten Sie zuerst alleine und besprechen Sie dann Ihre Antworten zu zweit.

- Sind die folgenden Sätze neutral (N) oder emotional (E)?
- Schreiben Sie (N) oder (E) neben jedes Beispiel.

    1   Terrorgefahr! Mehrere deutsche Kernkraftwerke sofort vom Netz!

    2   Sofort die acht Atomkraftwerke abschalten, die noch aktiv sind!

    3   „Unsere Analysen haben uns überzeugt, dass mehrere Kernkraftwerke ungenügenden Schutz bei Terrorangriffen bieten."

    4   Die Deutschen sind nicht vor möglichen Angriffen mit Passagierflugzeugen geschützt!

ADVANCE MATERIALS: GUT LESEN, BESSER SCHREIBEN

▶12 BEARBEITEN

Arbeiten Sie zu zweit.

- Lesen Sie den Text auf Seite 153, der aus der Boulevardpresse kommt. Es handelt sich um den Artikel: „Angst und Schrecken im Vaterland!"
- Bearbeiten Sie nun diesen Artikel, damit er in einer seriösen Zeitung erscheinen könnte. Sehen Sie sich dazu auch wieder die Tabelle aus Aufgabe 10 an.
- Entscheiden Sie, welche Änderungen Sie in diesem Text vornehmen müssen.
- Die folgenden Fragen werden Ihnen helfen.

  Wie wird die Schlagzeile sein? Lang? Kurz? Emotional? Neutral?

  Was für einen Ton werden Sie benutzen müssen?

  Wie werden die Beschreibungen der Personen sein? Neutral? Lebendig?

  Werden Sie die direkte Rede der Teilnehmer zitieren?

  Wenn Sie einen Kommentar hinzufügen wollen, wie muss er sein? Komisch? Ironisch? Seriös?

- Welche Einzelheiten werden Sie auslassen, die der Boulevardpressejournalist benutzt hat, um seine Leser anzuziehen?
- Wenn Sie mit Ihrem Entwurf fertig sind, geben Sie ihn einer anderen Gruppe, die Änderungen und Verbesserungen vorschlagen werden.

▶13 SCHREIBEN

Arbeiten Sie alleine oder zu zweit.

- Arbeiten Sie nun die Endversion ihres Artikels auf dem Computer aus.
- Benutzen Sie ein Desktop-Publishingprogramm, damit der Artikel wie ein echter Zeitungsartikel aussieht.

ADVANCE MATERIALS: GUT LESEN, BESSER SCHREIBEN

ANGST UND SCHRECKEN IM VATERLAND!

Während unsere Politker sich gegenseitig Vorwürfe machen, planen die Terroristen ihren nächsten Angriff! Ihr Ziel: Deutschland soll in Angst und Schrecken versetzt werden.

Die CSU behauptet: „Deutsche Atomkraftwerke sind so sicher, dass sie den Absturz eines Militärjets oder eines entführten Personenflugzeuges überstehen würden." Die SPD hält diese Aussage für ein Ablenkungsmanöver. Sie wirft den CSU-Politikern Untätigkeit vor!

Und die deutschen Bürger können nichts tun. Sie müssen sich auf streitende Politiker verlassen!

Während die eine Partei behauptet, Deutschland braucht sich nicht zu fürchten, verlangt die andere Partei mehr Sicherheitsmaßnahmen. Wem sollen wir glauben?

„Wenn wir nichts unternehmen, so könnten Flugzeuge wie Regen aus dem Himmel fallen und unser geliebtes Land vernichten!" behauptet Christian von der Flo, Vorsitzender der süddeutschen Sicherheitsgesellschaft.

UNIT 13: Man ist, was man isst!

UNIT FRAMEWORK

Outcome	Writing up an interview with persuasive purpose
Writing skill	Putting forward convincing arguments
Grammar/functional focus	Subordinate clauses introduced by *wenn* and *dass*
Audience	Readers of the students' age
Preliminary grammar revision	None

TEXT FEATURES

This text is of the persuasive type, but takes the form of a transcribed interview. The structure of the text consists of an opening definition, followed by a series of questions on individual issues, each of which is answered in turn.

The structure of the interview is as follows, where A is the interviewer and B the interviewee.

- A   A summary of the situation and the suggestion of a problem.
- B   Agreement with A and an explanation of the consequences.
- A   A request for information.
- B   Information given.
- A   A request for elaboration.
- B   Elaboration given.
- A   A suggestion.
- B   A denial and an explanation.
- A   A deduction framed as a question.
- B   Explanation of previous situation. Health reasons for change.
- A   A request for clarification.
- B   Information on moral reasons for change.
- A   A request for further information.
- B   An outline of a previous situation contrasted with the present.
- A   Closing remarks.

This structure may be used for Exercise 12, or it may be modified to suit the students' wishes and inclinations.

EINFÜHRUNG

Was essen Sie? Wenn Sie kein Fleisch essen, dann sind Sie Vegetarier(in). Wenn Sie keine Tierprodukte essen, dann sind Sie Veganer(in). Wenn Sie alles essen, was Ihnen angeboten wird, dann sind Sie Mischköstler(in). Dieser Text handelt von einem Jungen, der Veganer ist. Wenn Sie den Text gelesen haben und mit allen Übungen fertig sind, werden Sie Ihren eigenen Text über die Ernährung schreiben.

▶1 VORHERSAGEN

Aim: to prepare students for the reading comprehension by encouraging them to use their knowledge of the world to predict what vocabulary might come up in the text.

ADVANCE MATERIALS: GUT LESEN, BESSER SCHREIBEN

Discussing and persuading 155

Students work in pairs and predict the vocabulary that might come up in a persuasive/ informative text about vegetarianism. You could build up a list on the white board, on an OHP or on an IAWB. The following might be suggested and others can be added as appropriate.

POSSIBLE ANSWER

Nomen	Verben	Adjektive, die Meinungen ausdrücken
der Vegetarier	essen	problematisch
der Veganer	trinken	interessant
die Lebensmittel	zunehmen	egal
die Diät	abnehmen	praktisch
der Mischköstler	kaufen	fraglich
das Essen	kochen	natürlich
das Fleisch	backen	selbstverständlich
die Milchprodukte	mischen	zweifellos
die Eier	genießen	offensichtlich
der Tierschutz	schützen	leider

▶ 2 LESEN

Students should read the text at least twice. They should discuss possible meanings of unknown words using the context to help them, before using reference material such as a dictionary or glossaries. All suggestions could be written on a whiteboard or IAWB. Students should then enter new words and expressions on a new vocabulary sheet (see page 199) under the headings below. Alternatively, you could print a cumulative version of their suggestions from the IAWB.

Textart: Meinungsaustausch

Titel: Man ist, was man isst!

▶ 3 VERGLEICHEN

Aim: to focus students' attention on the vocabulary which did come up in the article and to compare this with their own predictions.

Students now compare the table they compiled in Exercise 1 with the vocabulary in the text and tick off the words they predicted. They could highlight the remainder for possible use in later exercises. If you have an electronic version of the original table, you could print copies for your students to use as a checklist and to which they could add further information. Alternatively, they can work with the tables they compiled in pairs.

▶ 4 UNTERSUCHEN

Aim: to help students learn how compound nouns are created and used.

Students examine the nature of compound words. They firstly identify words in the text which can be made by combining elements from the left and right-hand columns. They then attempt to create words by combining elements. Some possibilities are logical and possible, e.g. *Tierschutz*, but others are illogical or highly unlikely to exist, e.g. *Lebenshaltung*. Students can check in a dictionary, but they should be aware that the non-existence of a word in a dictionary does not mean that the word cannot exist. It is a feature of the German language that it creates words according to the needs of the moment.

ADVANCE MATERIALS: GUT LESEN, BESSER SCHREIBEN

Remind students that gender for compound nouns is determined by the gender of the last noun of the compound, not the first, and explain that the -s- in words like *Lebensmittel* aids pronunciation

ANSWER

die Milchprodukte	die Cholesterinprodukte
die Tierhaltung	das Lebensmittel
die Tierprodukte	der Lebensschutz
der Tierschutz	die Schlachtviehhaltung
der Cholesterinspiegel	die Schlachtviehprodukte
das Cholesterinmittel	der Schlachtviehschutz

▶ 5 FINDEN

Aim: to improve students' command of the use of subordinating conjunctions *wenn* and *dass*.

Students need to be aware that texts like this contain examples which are focused in time (*when/whenever*), or which express hypothesis (*if*), and that such examples are introduced by *wenn*. There are also opinions expressed, often linked to such verbs as *denken*, *glauben* and *meinen*. These verbs are followed by *dass,* and the verb is sent to the end of the subordinate clause.

Students now find sentences which contain subordinate clauses with *wenn* and *dass* and reflect on the choice of conjunction. They devise a short rule about the position of the finite verb in these sentences.

ANSWER

Wenn:

1. Ich denke, das muss problematisch sein, wenn du zu einer Party eingeladen <u>bist</u> oder einfach nur bei Freunden zum Essen.
2. Ich erlebe es oft, wenn ich auf einer Party <u>bin</u> und aus den Salaten den Käse oder die Wurst liegen lasse.
3. Es gibt jetzt für mich immer öfter ein veganisches Gericht, wenn ich bei Freunden zum Essen eingeladen <u>bin</u>.

Dass:

1. Viele seiner Freunde verstehen nicht, dass er so viele Dinge nicht mehr <u>anrührt</u>.
2. Ich glaube, dass so eine einseitige Ernährung ungesund <u>ist</u>.
3. Trotzdem meine ich, dass du ja doch eigentlich sehr gesund <u>aussiehst</u>!
4. Mischköstler denken immer, dass man als Veganer permanent total mager und geschwächt <u>ist</u>.
5. Und gewöhnen sich die Leute in deiner Umgebung denn langsam daran, dass du deine Ernährung so drastisch umgestellt <u>hast</u>?
6. Aber als sie sahen, dass sich meine Gesundheit so drastisch <u>verbesserte</u>, hörte das Lachen auf.
7. Florian, vielen Dank, dass du Zeit für dieses Interview <u>hattest</u>!

After *wenn* or *dass*, the conjugated verb moves to the end of the clause.

▶ 6 ÜBEN

Aim: to give students more practice using subordination.

Students use the elements given to produce sentences containing subordinate clauses introduced by either *wenn* or *dass*. Take this opportunity to revise the 'verb – comma – (*dann*) – verb' construction that is so common with *wenn* clauses (e.g. *Wenn ich veganisch esse, (dann) fühle ich mich gesund*), and to reinforce the fact that *dass* sends the verb to the end of its clause.

ANSWER

1 Wenn ich Käse esse, dann fühle ich mich schlechter.
2 Ich meine, dass vegan essen gesünder ist.
3 Wenn ich vegan esse, dann werde ich nicht krank.
4 *Fitfood* denkt, dass Florian gesund aussieht.
5 Wenn man veganisch isst, dann schützt man die Tiere.

▶ 7 ENTSCHEIDEN

Aim: to teach students to distinguish between facts and opinions in an argument.

Students now decide if the sentences listed express facts or opinions. It is important that they should understand that a convincing argument must be based upon facts, but judicious use of opinions gives a text the necessary personal element which helps readers to relate to it, even if they disagree with it.

ANSWER

	Fakten	Meinungen
Florian Herzog isst kein Fleisch und keine Milchprodukte.	x	
Ich denke, das muss problematisch sein…		x
Ich esse kein Fleisch, keine Eier, Honig, Milch und Milchprodukte, also alles, was vom Tier kommt.	x	
Ich halte das für eine ziemlich lange Liste.		x
Ich glaube, dass so eine einseitige Ernährung ungesund ist.		x
Obst und Gemüse und stärkereiche Lebensmittel, wie Kartoffeln oder Nudeln, können vor Krebs schützen und Rheuma lindern.	x	
Ich war permanent müde und schlapp.	x	
Meiner Meinung nach hält uns unserer Ernährung gesund.		x
Ich finde Schlachtviehhaltung grausam.		x
Veganismus ist meiner Meinung nach der einzige konsequente Tierschutz.		x

▶ 8 VERBINDEN

Aim: to teach students how to link logical premises and consequences in single sentences.

The use of *deshalb* and *daher* occur in the text, e.g. *Isst du deshalb kein Fleisch und keine Tierprodukte mehr?* and *Daher hörten sie damit auf.* These are conjunctions which introduce **logical consequences**. Students now match pairs of half-sentences to produce logical premises and consequences. Point out that there

ADVANCE MATERIALS: GUT LESEN, BESSER SCHREIBEN

are grammatical indications in the sentences which will help to link the pairs, e.g. *ich..., ich...*

ANSWER

1. Ich esse jetzt veganisch, daher schütze ich die Tiere.
2. Florian isst jetzt keine tierischen Fette mehr und daher ist er schlanker.
3. Seine Freunde denken, dass er seltsam ist und daher folgen sie seinem Beispiel nicht.
4. Lebensmittel wie Kartoffeln oder Nudeln schützen vor Krebs und Rheuma und sind deshalb gesünder.
5. Florian isst viele Lebensmittel nicht mehr und deshalb gibt es auf Partys für ihn immer öfter ein veganisches Gericht.

▶9 REAGIEREN

Aim: to teach students to link opinions and reasons in a logical sequence.

Students begin to express their own opinions about the text. They support their opinions by finding reasons which they introduce with *denn* (which produces no change of word order) and *weil* (which sends the main verb to the end of its clause).

▶10 VORBEREITEN

Aim: to focus students' attention on a theme of their choice and to deepen their understanding of debate.

Students choose a theme from the list given. For purposes of differentiation, less able students could be allowed to use the theme of vegetarianism, for which they now have a considerable amount of material. More able students should choose a new topic. They then brainstorm, perhaps drawing a spider diagram or mind-map to group their ideas into topics. There is a list of suggested sentence beginnings to help them, as well as a few questions to start them thinking along the right lines.

▶11 INTERVIEWEN

Aim: to give students practice in interviewing and note-taking.

Students now interview each other on their chosen theme. They could tape record this interview and take notes from it to use as a basis for the following written work in Exercise 12. Since spoken language is full of hesitations and false starts (and errors!), they will need to be very selective about the parts they choose to use in order to make the whole text as coherent and cohesive as possible. They will also have to be aware that they will have to do their best to correct the mistakes.

▶12 SCHREIBEN

Aim: to help students create a written version of an interview, using a writing frame.

Students now write up the edited interview, attempting to imitate the style of the original article.

An analysis of this type of text given under Text features (on page 154) shows how the original article works and how they may like to frame their own version.

Remind students that they should use the following.

ADVANCE MATERIALS: GUT LESEN, BESSER SCHREIBEN

Discussing and persuading

The present tense for generalities and to say what is happening now.

The past tenses to say what the previous situation was (imperfect) and what happened (perfect).

Exclamations to add force to statements (but not too many!).

Expressions of opinion and reasons for holding those opinions.

Clauses with *wenn* and *dass*.

▶13 DISKUTIEREN

Aim: to help students prepare for the written task by preliminary oral work.

Many students do not have to write discussions or dialogues for their examinations but, rather, argumentative essays, therefore this is offered as a follow-up exercise next. The present topic lends itself to discussing the matter orally before writing an argumentative essay.

Students work in threes. Each student plays a different role. There is a meat-eater, a vegetarian and a vegan. The scene is as follows: in the school canteen the menu is about to be changed and healthier options are to be included. Three students have been chosen to discuss which kind of diet would be best suited to a school canteen.

Each student prepares his/her role by checking through the suggested bullet-pointed sentences for vocabulary and then, where possible, adding some of his/her own thoughts. When ready, he/she carries out the discussion, which should take no longer than 10 minutes.

More able students may benefit from having had sight of only their own role before the oral task is carried out. However, less able students might prefer to have looked at everybody's roles to ensure that they understand certain points as they are mentioned during the discussion with their peers.

After the oral task, *all* students should receive a full set of role cards to help them with writing their essay. These can be found on page 160 and photocopied.

▶14 ERÖRTERN

Aim: to get students to write an argumentative essay, taking into account both the structural and content issues encountered in this unit.

In an argumentative essay, advantages and disadvantages are weighed up. The aim of the writer is to convince the reader of their own opinion.

Students might want to formulate their own title or use the original one from this unit „Man ist, was man isst". Encourage them to use points encountered in their oral discussion, issues raised in the text and their own ideas. Remind them to structure their essays well with an introduction, a middle and a conclusion. The main body of the essay should consist of paragraphs, each having its own topic sentence at the beginning. For each new point or idea they should start a new paragraph. Students should remember to include both facts and opinions as demonstrated in Exercises 8 and 9. A minimum of 250–300 words is required for such an essay, if it is to cover all the important issues.

ADVANCE MATERIALS: GUT LESEN, BESSER SCHREIBEN

SIE SIND MISCHKÖSTLER. IHRER MEINUNG NACH...

... bekommt man Mangelerscheinungen, wenn man kein Fleisch isst.

... ist eine vegetarische oder gar veganische Speisekarte keine gute Idee.

... hat jeder das Recht zu essen, was man will und Sie wollen Fleisch.

... wird in Deutschland halt viel Fleisch gegessen. Ihre Kultur/Religion verbietet Ihnen nicht, Fleisch zu essen.

usw.

SIE SIND VEGETARIER. IHRER MEINUNG NACH...

... braucht man für eine gesunde Ernährung kein Fleisch.

... ist eine vegetarische Speisekarte eine gute Idee.

... ist Fleisch mit Chemikalien und Hormonen verseucht.

... kann man von Fleisch krank werden: Salmonellen in Hühnern, Schweinepest und Rinderwahn.

... ist diese Ernährung interessant genug, solange Eier und Käse verwendet werden.

usw.

SIE SIND VEGANER. IHRER MEINUNG NACH...

... fühlt man sich nicht so schlapp, wenn man veganisch isst.

... ist eine veganische Speisekarte eine gute Idee, denn das ist gut für den Cholesterinspiegel.

... hat der Mensch nicht das Recht grausam zu Tieren zu sein. Schlachtviehhaltung ist grausam.

... ist Veganismus und Vegetarismus die einzige konsequente Weise die Tiere und die Umwelt zu schützen.

usw.

ADVANCE MATERIALS: GUT LESEN, BESSER SCHREIBEN

UNIT 13: Man ist, was man isst!

▶1 VORHERSAGEN

Arbeiten Sie zu zweit.

- Dieser Text ist ein Interview, in dem eine persönliche Meinung besprochen wird. Hier geht es um einen Jugendlichen, der nicht nur kein Fleisch, sondern auch keine Milchprodukte isst.

- Machen Sie eine Liste von Wörtern, die vielleicht im Text stehen könnten.

BEISPIEL

Nomen	Verben	Adjektive, die Meinungen ausdrücken
der Vegetarier	essen	problematisch
▼	▼	▼

▶ 2 LESEN

Arbeiten Sie zu zweit.

- Lesen Sie den folgenden Text mindestens zweimal.
- Suchen Sie in einem Wörterbuch die Wörter und Ausdrücke, die Ihnen unbekannt sind, oder besprechen Sie den Sinn von unbekannten Wörtern mit Ihrem Partner/Ihrer Partnerin.
- Tragen Sie diese Wörter und Ausdrücke auf ein neues Vokabelblatt ein.

MAN IST, WAS MAN ISST!

Florian Herzog isst kein Fleisch und keine Milchprodukte. Das ist also nicht nur eine vegetarische Diät, sondern eine veganische. Viele seiner Freunde verstehen nicht, dass er so viele Dinge nicht mehr anrührt. Daher hat *Fitfood* ihn um ein Interview gebeten.

Fitfood: „Florian, du isst kein Fleisch und keine Milchprodukte. Ich denke, das muss problematisch sein, wenn du zu einer Party eingeladen bist oder einfach nur bei Freunden zum Essen?"

Florian: „Hm, das stimmt. Ich erlebe oft, wenn ich auf einer Party bin und aus den Salaten den Käse oder die Wurst liegen lasse, ist dies schwierig."

Fitfood: „Was ist es denn nun genau, was du nicht isst?"

Florian: „Ich esse kein Fleisch, keine Eier, Honig, Milch und Milchprodukte, also alles, was vom Tier kommt."

Fitfood: „Ich halte das für eine ziemlich lange Liste. Was darf man denn als Veganer überhaupt noch essen?"

Florian: „Pflanzen und Getreide."

Fitfood: „Ich glaube, dass so eine einseitige Ernährung ungesund ist. Trotzdem meine ich, dass du ja doch eigentlich sehr gesund aussiehst! Hast du denn keine Mangelerscheinungen?"

Florian: „Ja ja, das kenne ich schon. Mischköstler denken immer, dass man als Veganer permanent total mager und geschwächt ist. Das stimmt aber nicht. Obst und Gemüse und stärkereiche Lebensmittel, wie Kartoffeln oder Nudeln, können vor Krebs schützen und Rheuma lindern. Ich finde eine solche Ernährung auch besser für den Cholesterinspiegel!"

Fitfood: „Isst du deshalb kein Fleisch und keine tierischen Produkte mehr?"

Florian: „Nein. Ich hatte früher oft Erkältungen und das hat mich genervt. Ich war permanent müde und schlapp. Aber seitdem ich vegan lebe, fühle ich mich viel besser und die Nase läuft nicht mehr. Bei anderen Leuten ist es eine andere Krankheit, die sie mit ihrer Ernährung kontrollieren können. Meiner Meinung nach hält uns unsere Ernährung gesund."

Fitfood: „Du lebst also vegan, nur der Gesundheit zuliebe?"

Florian: „Nein, nicht nur. Veganismus ist meiner Meinung nach der einzige konsequente Tierschutz. Davon bin ich überzeugt. Ich finde Schlachtviehhaltung grausam."

ADVANCE MATERIALS: GUT LESEN, BESSER SCHREIBEN

Fitfood: „Und gewöhnen sich die Leute in deiner Umgebung denn langsam daran, dass du deine Ernährung so drastisch umgestellt hast?"

Florian: „Ja, schon. Zuerst haben sie noch alle über mich hergezogen und gelästert. Aber als sie sahen, dass sich meine Gesundheit so drastisch verbesserte, hörte das Lachen auf. Es gibt jetzt für mich immer öfter ein veganisches Gericht, wenn ich bei Freunden zum Essen eingeladen bin."

Fitfood: „Florian, vielen Dank, dass du Zeit für dieses Interview hattest!"

▶ 3 VERGLEICHEN

Arbeiten Sie mit den Leuten, mit denen Sie auch Aufgabe 1 gemacht haben.

- Kreuzen Sie die Wörter auf Ihrer Liste an, die auch im Text stehen.

▶ 4 UNTERSUCHEN

Arbeiten Sie zu zweit.

- Hier geht es um Nomen, die aus mehreren Nomen zusammengesetzt sind. Diese zusammengesetzten Nomen sind in der deutschen Sprache sehr häufig.
- Machen Sie neue Wörter, die aus einem Wort auf der linken Seite und einem Wort auf der rechten Seite bestehen. Sehen Sie sich das Beispiel gut an.
- Welche Wörter stehen schon im Text? Suchen Sie die nicht im Text stehenden Wörter im Wörterbuch. Könnten sie existieren auch wenn sie nicht im Wörterbuch stehen?

BEISPIEL

die Milch + die Produkte → die Milchprodukte

die Milch	der Spiegel
das Tier	die Haltung
das Cholesterin	das Mittel
das Leben(s)	die Produkte
das Schlachtvieh	der Schutz

▶ 5 FINDEN

Arbeiten Sie alleine.

- Finden Sie im Text Sätze, die die unterordnenden Konjunktionen *wenn* und *dass* enthalten.
- Unterstreichen Sie die Verben in diesen Sätzen. Wo sind sie? Wann benutzt man *wenn* und wann benutzt man *dass*?
- Formulieren Sie eine kurze Regel, die erklärt, wo das finite Verb in Sätzen mit solchen Konjunktionen steht.

BEISPIEL

Viele seiner Freunde verstehen nicht, dass er so viele Dinge nicht mehr <u>anrührt</u>.

ADVANCE MATERIALS: GUT LESEN, BESSER SCHREIBEN

▶ 6 ÜBEN

Arbeiten Sie alleine oder zu zweit.

- Jetzt werden Sie üben, was Sie in Aufgabe 5 entdeckt haben.
- Sehen Sie sich die Satzelemente unten an und produzieren Sie Sätze, wie im Beispiel gezeigt. Achten Sie darauf, wo das finite Verb stehen muss.

BEISPIEL

Wenn – ich – Wasser – trinken, – dann – ich – mich – besser – fühlen

Wenn ich Wasser trinke, dann fühle ich mich besser.

1. Wenn – ich – Käse – essen, – dann – ich – mich – schlechter – fühlen
2. Ich – meinen, – dass – vegan essen – gesünder – sein
3. Wenn – ich – vegan essen, – dann – ich – nicht – krank – werden
4. *Fitfood* – denken, – dass – Florian – gesund – aussehen
5. Wenn – man – veganisch essen, – dann – man – die Tiere – schützen

▶ 7 ENTSCHEIDEN

Arbeiten Sie zuerst alleine und besprechen Sie dann Ihre Antworten zu zweit.

- Es ist wichtig beim Schreiben sowohl Fakten, als auch Meinungen zu benutzen.
- Lesen Sie die Sätze in der Tabelle durch. Sie sind alle aus dem Text.
- Welche Sätze sind Fakten und welche sind Meinungen? Kreuzen Sie an.

	Fakten	Meinungen
Florian Herzog isst kein Fleisch und keine Milchprodukte.	x	
Ich denke, das muss problematisch sein…		x
Ich esse kein Fleisch, keine Eier, Honig, Milch und Milchprodukte, also alles, was vom Tier kommt.		
Ich halte das für eine ziemlich lange Liste.		
Ich glaube, dass so eine einseitige Ernährung ungesund ist.		
Obst und Gemüse und stärkereiche Lebensmittel, wie Kartoffeln oder Nudeln, können vor Krebs schützen und Rheuma lindern.		
Ich war permanent müde und schlapp.		
Meiner Meinung nach hält uns unsere Ernährung gesund.		
Ich finde Schlachtviehhaltung grausam.		
Veganismus ist meiner Meinung nach der einzige konsequente Tierschutz.		

▶ 8 VERBINDEN

Arbeiten Sie zuerst alleine und besprechen Sie dann Ihre Antworten zu zweit.

- Verbinden Sie die Satzhälften, die zusammen gehören. Auf der linken Seite stehen Fakten und auf der rechten Seite Gründe und Meinungen.

ADVANCE MATERIALS: GUT LESEN, BESSER SCHREIBEN

- Es ist nützlich beim Schreiben Fakten und Meinungen zu verbinden, weil das den Leser besser überzeugt.

1 Ich esse jetzt veganisch,…	und daher folgen sie seinem Beispiel nicht.
2 Florian isst jetzt keine tierischen Fette mehr…	und sind deshalb gesünder.
3 Seine Freunde denken, dass er seltsam ist…	daher schütze ich die Tiere.
4 Lebensmittel wie Kartoffeln oder Nudeln schützen vor Krebs und Rheuma…	und deshalb gibt es auf Partys für ihn immer öfter ein veganisches Gericht.
5 Florian isst viele Lebensmittel nicht mehr…	und daher ist er schlanker.

▶9 REAGIEREN

Arbeiten Sie zu zweit.

- Besprechen Sie dieses Interview mit einem Partner.
- Drücken Sie Ihre Meinungen aus. Die Sätze unten sollen Ihnen helfen.
- Achten Sie auf die Satzordnung: in Sätzen mit „weil/wenn" steht das Verb am Ende. In Sätzen mit „und daher" folgt das Verb sofort, noch vor dem Subjekt. Sehen Sie sich die Beispiele gut an.

BEISPIEL

Ich finde Florian sympathisch, weil er Schlachttierhaltung grausam findet.

Veganer sind clever, denn Sie sind nicht schlapp und daher will ich auch Veganer werden.

Veganisch leben kann ein Problem sein, wenn die Familie es nicht gut findet.

Ich finde veganisch leben… [sinnlos/langweilig/unsinnig/eine gute Idee], weil…/und daher…

Florian ist… [cool/up-to-date/sympathisch/seltsam/idiotisch], weil …/und daher…

Veganer sind… [krank/idiotisch/modern/clever], denn …/und daher…

Veganisch/vegetarisch leben kann [nützlich/gut/ein Problem/ungesund] sein, wenn…

▶10 VORBEREITEN

Arbeiten Sie zuerst alleine und dann zu zweit.

- Suchen Sie sich beide ein eigenes Thema von der Liste unten aus, oder auch ein anderes Thema, das Sie interessiert.
- Machen Sie dann zuerst alleine ein Brainstorming, um Ihre Gedanken zu dem gewählten Thema zu ordnen.
- Machen Sie sich Notizen dazu, wie Sie Ihre Meinung begründen können.
- Wenn Sie Ihr eigenes Thema vorbereitet haben, müssen Sie sich Fragen zum Thema Ihres Partners überlegen. Sie brauchen allgemeine Fragen. Sie können sich auch an Florians Interview orientieren.

ADVANCE MATERIALS: GUT LESEN, BESSER SCHREIBEN

BEISPIEL

Ich bin für veganisches Leben, weil es gesünder und umweltfreundlicher ist.

Ich bin für/gegen ein vegetarisches/veganisches Leben, weil…

Ich bin für/gegen Recycling, weil…

Ich finde Großfamilien gut/schlecht, weil…

Ich finde es toll/doof, Einzelkind zu sein, weil…

Ich bin gegen/für Leistungssport, weil…

Ich denke, jeder Schüler sollte einen Job haben, weil…

Ich finde, Schüler sollten k/einen Job haben, weil…

FRAGEN:

Was halten Sie von Leistungssport/Großfamilien…?

Warum denken Sie das?

Was sagen Ihre Freunde/Geschwister/Eltern… dazu?

▶ 11 INTERVIEWEN

Arbeiten Sie zu zweit.

- Machen Sie nun ein Interview mit Ihrem Partner zu Ihren gewählten Themen, als Vorbereitung für Aufgabe 12.
- Machen Sie sich detaillierte Notizen, denn für Aufgabe 12 sollen Sie das Interview aufschreiben.
- Wenn Sie die Möglichkeit haben, können Sie das Interview auf eine Kassette aufnehmen.

▶ 12 SCHREIBEN

Arbeiten Sie jetzt alleine.

- Machen Sie nun eine schriftliche Version aus dem Interview mit Ihrem Partner.
- Versuchen Sie den Stil des Interviews mit Florian zu imitieren.
- Benutzen Sie Fragen und Ausrufe, schreiben Sie im Präsens und erklären Sie Konsequenzen. Denken Sie auch daran, höflich zu sein.

BEISPIEL

A Was heißt… genau? Um mehr herauszufinden, haben wir mit X gesprochen.

A Also, X, du… . Kann das problematisch sein?

B Ja. Manchmal… . Daher…

A Sag mir etwas über…

B Ja, sicher. Ich…

A Was gibt's außerdem?

B Es gibt auch…

A Und daher musst/kannst du…?

B Nein…, weil/denn…

A Musst du denn…?

B Ja/nein… . Daher habe ich mich entschieden… zu…, um… zu…

ADVANCE MATERIALS: GUT LESEN, BESSER SCHREIBEN

A   Nur...?

B   Nein. Es gibt auch die folgenden ethischen Gründe...

A   Und die anderen/die Eltern? Was...?

B   Am Anfang..., aber jetzt...

A   Das war sehr interessant. Vielen Dank, ...

▶13 DISKUTIEREN

Arbeiten Sie zu dritt.

- Als Vorbereitung für einen Aufsatz, den Sie in Übung 14 schreiben werden, machen Sie jetzt eine Diskussion zum Thema „Man ist, was man isst!"

- Jeder bekommt eine Rolle zugeteilt. Es gibt einen Mischköstler, einen Vegetarier und einen Veganer. Ihr Lehrer/Ihre Lehrerin wird Ihnen eine Rollenbeschreibung geben.

- Das Szenario ist wie folgt: In Ihrer Schulkantine soll die Speisekarte auf gesünderes Essen umgestellt werden. Drei Schüler sind gewählt worden, um zu besprechen, welche Ernährungsweise für die Schulkantine am besten ist.

▶14 ERÖRTERN

Arbeiten Sie alleine.

- Eine Erörterung nennt man einen Aufsatz, indem die Vor- und Nachteile zu einem Thema abgewogen werden. Dabei will man aber den Leser auch von der eigenen Meinung überzeugen.

- Als Überschrift können Sie „Man ist, was man isst!" benutzen.

- Benutzen Sie die Punkte aus Aufgabe 13, aus dem Text „Man ist, was man isst!" und Ihre eigenen Ideen.

- Achten Sie darauf, eine Einleitung, einen Mittelteil und einen Schluss zu schreiben.

- Beginnen Sie für einen neuen Punkt oder eine neue Idee immer einen neuen Absatz.

- Verbinden Sie Fakten mit Meinungen, wie Sie es in Aufgaben 8 und 9 geübt haben.

- Schreiben Sie 250–300 Wörter.

ADVANCE MATERIALS: GUT LESEN, BESSER SCHREIBEN

UNIT 14:
Ist Leistungssport Mord?

UNIT FRAMEWORK

Outcome	Writing an academic essay
Writing skill	Organising and writing an argumentative essay
Grammar/functional focus	Constructing persuasive arguments
Audience	Examiner
Preliminary grammar revision	None

TEXT FEATURES

This text is the type of academic essay that students are required to write in schools, colleges and universities. It is an essential party of students' education in reading and writing, and while some may view it as a rather intellectual construction which has few counterparts in the real world of text use, this is not so. Argumentative texts of this type also occur in reports for official bodies, in which both sides of an argument are advanced and discussed and a recommendation put forward.

This text should be examined for:

- structure and balance (introduction, paragraphing in main body, suitable conclusion)
- support for arguments (topic sentence, examples, facts, opinions)
- use of rhetorical devices (e.g. alliteration, metaphors, listings).

EINFÜHRUNG

Wir lesen hier einen Aufsatz über den Leistungssport. Obwohl Sport bei den jungen Mitgliedern unserer Gesellschaft sehr beliebt ist, ist er trotzdem oft von Risiken und Skandalen begleitet. Hier untersuchen wir die Vor- und Nachteile des Leistungssports, um eine Schlussfolgerung daraus zu ziehen.

▶1 VORHERSAGEN

Aim: to prepare students for the reading comprehension by encouraging them to use their knowledge of the world to predict and classify what vocabulary might come up in the text.

Students use the three table columns provided to assist them in predicting the sort of words and expressions that might occur in the text. This may well serve as an opportunity for dictionary work, as they may be able to think of English words (e.g. 'to cheat') without knowing the German equivalent. You could build up a list on the white board, on an OHP or on an IAWB. The following topics might be suggested and others can be added as appropriate.

POSSIBLE ANSWER

Nomen	Verben	Adjektive
der Leistungssport	gewinnen	gesund
der Sport	Sport treiben	dick
die Freizeit/Freizeitgestaltung	trainieren	fit

ADVANCE MATERIALS: GUT LESEN, BESSER SCHREIBEN

die Zeitung	sich verletzen	wettbewerbsmäßig
das Fernsehen	sich bemühen	gebrochen
die Medien	mogeln	sportlich
der Wettbewerb	üben	schmerzhaft
der Stress	verlieren	hart
der Wintersport	spielen	diszipliniert
die Olympiade	sich übernehmen	schlank
das Training	übertreiben	muskulös
der Rekord	usw.	erfolgreich
das Doping		gestresst
die Anabolika		schnell
der Spaß		usw.
die Sportart		
der Fußball		
das Boxen		
der Radrennsport		
der Amateur		
der Profi		
die Medaille		
der Rekord		
usw.		

▶ 2 LESEN

Students should read the text at least twice. They should discuss possible meanings of unknown words using the context to help them, before using reference material such as a dictionary or glossaries. All suggestions could be written on a whiteboard or IAWB. Students should then enter new words and expressions on a new vocabulary sheet (see page 199) under the headings below. Alternatively, you could print a cumulative version of their suggestions from the IAWB.

Texttyp: Akademischer Aufsatz

Titel: Ist Leistungssport Mord?

▶ 3 VERGLEICHEN

Aim: to focus students' attention on the vocabulary that did come up in the article and to compare this with their own predictions.

Students now compare the lists they compiled in Exercise 1 with the vocabulary mentioned in the text. If you have an electronic version of the original lists, you could print copies for your students to use as a checklist and to which they could add further information. Alternatively, they can work with the lists they compiled in pairs. Take this opportunity, too, to share predicted words and expressions that did not, in fact, occur in the text, as this is an excellent way to acquire new vocabulary.

▶ 4 ZUORDNEN

Aim: to help students build up a stock of useful structural expressions which may be recycled in other contexts.

Students work by themselves. They match German structural expressions to their English equivalents. These expressions give *cohesion* to the text, i.e.

ADVANCE MATERIALS: GUT LESEN, BESSER SCHREIBEN

they are visible signposts to the way in which the argument is proceeding. The logical development of the argument, which may take place without such visible signposting, is known as *coherence*.

At this point it might be advisable, nevertheless, to warn students **not** to pepper their essays with such examples or to string two or three of them together to compose ready-made phrases solely to pad out their essays. This device is well known to examiners, who are likely to be unimpressed by this procedure.

Here is a list of more useful phrases.

auf der einen Seite… auf der anderen Seite (*on the one hand… and on the other hand*)

außerdem (*moreover*)

übrigens (*incidentally*)

in diesem Zusammenhang (*in this context*)

unter anderem (*among other things*)

daher (*thus*)

das liegt daran, dass… (*that's because*)

ich habe den Eindruck, dass (*my impression is that …*)

auf den ersten Blick (*at first sight*)

verglichen mit + Dativ (*compared with*)

einerseits; andererseits (*on the one hand; on the other hand*)

ANSWER

Die Meinungen über… gehen weit auseinander.	Opinions are divided on the topic of….
Man gewinnt häufig den Eindruck, dass…	One often gains the impression that…
Es ist nicht zu leugnen, dass…	It cannot be denied that…
tatsächlich	in fact
allerdings	however
außerdem	apart from this
Wenn wir die Sache etwas genauer betrachten, stellen wir fest, dass…	If we take a closer look at the facts, we will find that…
Es steht fest, dass…	It's a fact that…
Das wäre alles schön und gut, wenn…	That would all be very well, if…
Es steht außer Zweifel, dass…	It's beyond doubt that…
Es ist leicht zu ersehen, dass…	It is easy to see that…
Die Kehrseite der Medaille ist, dass…	The other side of the coin is that…
jedoch	but
Alles in allem scheinen sich die Argumente…	All in all, the arguments seem to…
Wir dürfen nämlich nicht vergessen, dass…	We must, however, not forget that…
Man muss also unweigerlich zu dem Schluss kommen, dass…	One cannot but come to the conclusion that…

ADVANCE MATERIALS: GUT LESEN, BESSER SCHREIBEN

Discussing and persuading 171

▶ 5 ANALYSIEREN

Aim: to teach students the different possibilities of structuring an argumentative essay.

Students examine the structure of the essay in order to determine whether the writer is using a strong structure – Structure A – or a weak (or parallel argument) structure – Structure B. In the former, all the points for the case are presented together and then there follow all the points against the case. In the weak structure, points for and against are presented in each paragraph. The advantage of the first structure is that a massive case is made for each side of the argument and the conclusion to be drawn occurs only at the end. In the latter type, each point is considered in turn and its merit equally judged in turn. The final section of the weak structure is a summing-up of the conclusions already drawn.

The whole discussion may be carried out in English, as the concepts are quite involved and would require advanced vocabulary and structures.

Once the students have re-examined the text and drawn their conclusion as to the type of argument structure being used, they justify their conclusion.

ANSWER

Structure B is used – the weak structure or parallel argument.

EXAMPLE JUSTIFICATION

After the introduction, the author gives examples to demonstrate that playing sports is healthy. In the same paragraph he gives counter-examples, for instance, the fact that there are many sports accidents. In every paragraph, both advantages and disadvantages of playing sports are discussed. Therefore, it is obvious that he uses Structure B.

Nach der Einführung gibt der Autor Beispiele, um zu zeigen, dass Sporttreiben gesund ist. In demselben Absatz gibt er Gegenbeispiele, z.B. die Tatsache, dass es so viele Sportunfälle gibt. In jedem Abschnitt werden sowohl Vor- als auch Nachteile des Sports behandelt. Deshalb kann man sehen, dass er die Struktur B benutzt.

▶ 6 ENTSCHEIDEN

Aim: to raise students' awareness of the communicative function of a number of German phrases.

In pairs, students decide on the function which the expressions extracted from the given paragraphs exemplify. If you wish to differentiate, you could ask more able students to work out what function the examples are fulfilling without the benefit of the list.

The translations of the functional terms are as follows:

Konsequenz – *effect, result*

Verstärkung – *intensification*

Gegenteil – *opposition*

Zusatz – *addition*

Konzession – *concession*

ADVANCE MATERIALS: GUT LESEN, BESSER SCHREIBEN

172 Discussing and persuading

ANSWER

Textstelle	Ausdruck	Funktion
Absatz 1	vor allem	Verstärkung
Absatz 2	tatsächlich	Zusatz
Absatz 3	außerdem	Zusatz (weiteres Argument)
Absatz 4	Das wäre alles schön und gut, wenn…	Konzession
Absatz 6	Die Kehrseite der Medaille ist, dass…	Gegensatz
Absatz 7	jedoch	Gegensatz
Absatz 8	Der Schein trügt aber!	Gegensatz
Absatz 9	also	Konsequenz

▶7 SUCHEN

Aim: to help students learn to recognise rhetorical devices, which are typical of this type of text.

In this exercise, students find examples of rhetorical devices used by the author to strengthen the argument. They include:

- devices of sound (assonance: same vowels, and alliteration: same initial consonant)
- syntactic devices (short sentences)
- imagery (metaphor)
- plays on words (puns)
- the device of listing items in threes, which helps to drive home a point with its hammer-like insistence
- sentences, which may not be literally true, but are an exaggeration for the sake of effect (hyperbole)
- words used to address the heart rather than the intellect (emotive language)
- questions to which the answer is then given (rhetorical questions).

Differentiation: to help weaker students, or students who have not worked with rhetorical devices before, provide the list of examples from the text on the board or hand out the list on page 173. These students are then not required to find them in the text, but only to try to match them up with the correct technical term.

Discussing and persuading 173

In diesem Aufsatz werde ich die Vor- und Nachteile des Leistungssports einmal näher unter die Lupe nehmen.	
... in der Schule, in der Freizeit, in den Zeitungen und vor allem im Fernsehen.	
Wer Sport treibt, wird nicht so schnell dick, bleibt fit und hat meistens ein gesundes Herz.	
gezwungen	
Im Fußball kaufen die reichsten Vereine die besten Spieler.	
„Dabeisein ist alles."	
Und was ist mit den Langzeiterscheinungen wie zum Beispiel Arthrose oder Rückenleiden?	
Sportverletzungen, Doping und Anabolikamissbrauch	
Sport ist überall.	
Ist Sport also wirklich so gesund?	
Alles in allem scheinen sich die Argumente pro und contra Leistungssport die Waage zu halten.	
Wie viele Leute kommen zum Beispiel mit gebrochenen Knochen aus dem Wintersport nach Hause?	
das Schlimmste	
Wie sieht es in anderen Sportarten aus?	
Sport ist Teil unserer Zivilisation.	
Der Schein trügt aber!	
... mir ist mein Leben lieb!	
übernehmen sich beim Wettkampf	
schmerzhafte Verletzungen	
zerstört	
Ist Leistungssport Mord?	
getötet	
Zu viel Geld ist überall im Spiel.	
töten	
mir ist mein Leben lieb!	

ADVANCE MATERIALS: GUT LESEN, BESSER SCHREIBEN

Teacher's notes Unit 14

ANSWER

Assonance	Ist Leistungssport Mord?
Hyperbole	Sport ist überall. das Schlimmste Im Fußball kaufen die reichsten Vereine die besten Spieler.
Listing (building up to a climax)	… in der Schule, in der Freizeit, in den Zeitungen und vor allem im Fernsehen. Wer Sport treibt, wird nicht so schnell dick, bleibt fit und hat meistens ein gesundes Herz. Sportverletzungen, Doping und Anabolikamissbrauch
Metaphor	In diesem Aufsatz werde ich die Vor- und Nachteile des Leistungssports einmal näher unter die Lupe nehmen. Alles in allem scheinen sich die Argumente pro und contra Leistungssport die Waage zu halten.
Rhetorical questions	Wie viele Leute kommen zum Beispiel mit gebrochenen Knochen aus dem Wintersport nach Hause? Und was ist mit den Langzeiterscheinungen wie zum Beispiel Arthrose oder Rückenleiden? Ist Sport also wirklich so gesund? Wie sieht es in anderen Sportarten aus?
Short, simple sentences	Sport ist Teil unserer Zivilisation.
Exclamations	Der Schein trügt aber! … mir ist mein Leben lieb!
Emotive language	übernehmen sich beim Wettkampf schmerzhafte Verletzungen töten zerstört gezwungen getötet
Puns	Zu viel Geld ist überall im Spiel.
Proverbs	„Dabeisein ist alles." … mir ist mein Leben lieb!

More useful rhetorical devices:

- minor sentences (sentences without a verb – lend speed and brevity to sentences, if used sparingly)
- similes (wie – adds clarity through example).

▶ 8 DISKUTIEREN

Aim: to give students practice in marshalling arguments in support of a particular viewpoint.

Students discuss and find arguments for and against the question: *Sollte man in der Öffentlichkeit rauchen dürfen?* Each student takes one side of the argument and is initially asked to find further examples for their list. They then discuss the question and note down the arguments of their peers.

In Exercise 9 they will begin planning their own written essay. On pages 202 and 203 you will find an annotated version of the essay that students have been working through in this unit. Students should study it before the writing task is planned and carried out.

The essay has been annotated to help students see how certain phrases can help structuring an essay of this kind. These linking phrases, evaluative phrases and opinions are underlined. Rhetorical devices are indicated in bold and identified in square brackets.

You might like to encourage your students to use two different colour pens to highlight the structural and rhetorical devices more clearly. Enlarged and printed out as A3 posters, students could pin up the essay by their desks at home, or an even larger A2 version could be used as a visual aid in the classroom.

▶ 9 VORBEREITEN

Aim: to get students to consider carefully their intended audience and the structures and devices which will best convince that audience.

Once the students have completed their discussions and noted down their opponent's arguments, they begin to prepare their essay. They should consider the following questions.

- Whom are they addressing? Adults? Teenagers?
- What conclusion do they want to reach?
- Which essay structure will best suit the question?
- How will they introduce the topic?
- How will they attempt to convince? By logic or through emotion?
- Do they want to address the reader directly, or stand back and write objectively?
- Which rhetorical devices will best suit these purposes?
- Do they want to use devices of sound such as alliteration and assonance?
- Do they want to use metaphor and/or simile?
- How will they link connected sentences and paragraphs?
- How will they show when they are changing tack, e.g. to counteract a previously given example?
- What all-conclusive argument can they muster for the final paragraph?

Once they have jotted down possible answers to these questions, they then begin to map a possible structure, using the templates on pages 202 and 203 (which they may also find useful for coursework). On these they can jot down phrases, linking words, rhetorical devices, etc., in order to have a rough but very concrete plan. They then write a first draft of the essay. This should be submitted to other members of the group for criticism, correction and suggestion. A final draft should then be produced which you may wish to 'tweak' before the fair copy is produced using ICT.

ADVANCE MATERIALS: GUT LESEN, BESSER SCHREIBEN

▶10 SCHREIBEN

Aim: to get students to write their final version of the essay for other students to comment on.

Students write their final version on the basis of their preparatory work. Once the final draft is completed, they write up the essay using ICT.

▶11 BEURTEILEN

The final versions could be circulated and students judge what is good in every essay and why. In doing so, they should consider the structure of the essay and the use of rhetorical devices as well as the arguments presented. This will provide them with examples of good practice they can draw on for their essay writing later on.

UNIT 14:
Ist Leistungssport Mord?

▶1 VORHERSAGEN

Arbeiten Sie zu zweit oder in einer kleinen Gruppe.

- In diesem Text geht es um die Vor- und Nachteile von Leistungssport.
- Was wird wohl in diesem Text vorkommen?
- Kopieren Sie die folgende Tabelle und führen Sie die drei Listen fort.

BEISPIEL

Nomen	Verben	Adjektive
der Leistungssport	gewinnen	gesund
der Sport		
▼	▼	▼

▶2 LESEN

Arbeiten Sie zu zweit.

- Lesen Sie den folgenden Text mindestens zweimal.
- Suchen Sie in einem Wörterbuch die Wörter und Ausdrücke, die Ihnen unbekannt sind, oder besprechen Sie den Sinn von unbekannten Wörtern mit Ihrem Partner/Ihrer Partnerin.
- Tragen Sie diese Wörter und Ausdrücke auf ein neues Vokabelblatt ein.

IST LEISTUNGSSPORT MORD?

Man gewinnt häufig den Eindruck, dass sich die Welt heutzutage um den Sport dreht. Sport ist überall: in der Schule, in der Freizeit, in den Zeitungen und vor allem im Fernsehen. Doch die Meinungen über den Leistungssport gehen weit auseinander. In diesem Aufsatz werde ich die Vor- und Nachteile des Leistungssports einmal näher unter die Lupe nehmen.

Es ist nicht zu leugnen, dass Sport gesund ist. Wer Sport treibt, wird nicht so schnell dick, bleibt fit und hat meistens ein gesundes Herz. Leute, die ihren Sport wettbewerbsmäßig betreiben, rauchen nicht, weil es ihre Leistung beeinflusst. Tatsächlich haben viele Leute heutzutage so viel Stress, dass sie Sport machen

▼

ADVANCE MATERIALS: GUT LESEN, BESSER SCHREIBEN

müssen, um sich zu entspannen. Allerdings entspannen sich die meisten gestressten Menschen beim Sport vor dem Fernseher und nicht als aktive Teilnehmer.

Wenn wir die Sache etwas genauer betrachten, stellen wir außerdem fest, dass viele Leute, die selber Sport treiben, sich oft dabei verletzen – und das nicht nur beim Leistungssport. Wie viele Leute kommen zum Beispiel mit gebrochenen Knochen aus dem Wintersport nach Hause? Andere übernehmen sich beim Wettkampf oder sogar nur beim Training und ziehen sich schmerzhafte Verletzungen zu. Hinzu kommen noch Langzeitauswirkungen wie zum Beispiel Arthrose oder Rückenleiden. Ist Sport also wirklich so gesund?

Es steht fest, dass der Mensch ständig versucht neue Rekorde aufzustellen. Viele Leute sagen mit Recht, dass die Menschen Ziele brauchen und durch Sport kann man immer neue Ziele finden. Das wäre alles schön und gut, wenn nicht im Leistungssport mit Doping und Anabolikamissbrauch gemogelt würde. Es steht außer Zweifel, dass Doping im Leistungssport ein nicht zu unterschätzendes Problem ist.

Sport soll Spaß machen. Für viele Kinder, Jugendliche und Erwachsene ist Sport ein wichtiger Teil ihrer Freizeitgestaltung. Leider gibt es aber auch immer wieder Eltern, die ihre Kinder schon als Kleinkind auf eine Olympiamedaille vorbereiten wollen. Als Beispiele können hier Eistanzen und Gymnastik dienen. Aber auch in anderen Sportarten müssen sich die Kinder schon früh ernsthaft bemühen. Oft wird mindestens einmal am Tag für mehrere Stunden trainiert und am

Wochenende gibt es Wettkämpfe. Was hat das noch mit Freude am Sport zu tun? Es ist leicht zu ersehen, dass Sport für die Unterhaltungsindustrie wichtig ist. Sport ist Teil unserer Gesellschaft. Die Kehrseite der Medaille ist, dass sich einige Leute bei Sportveranstaltungen wie zum Beispiel bei Fußballspielen, wie die Wilden benehmen. Hier könnte man behaupten, dass Leistungssport nicht zivilisierend auf die Menschen wirkt, weil er bei manchen das Schlimmste zum Vorschein bringt.

Es steht außer Zweifel, dass Sport gut für das Selbstbewusstsein ist. Wenn man gewinnt, ist man stolz und das ist natürlich positiv. Jedoch können nur die Besten im Leistungssport gewinnen. Es liegt in der menschlichen Natur gewinnen zu wollen und daher versucht so mancher Leistungssportler mit Doping seinen Traum von der Medaille oder dem Rekord zu verwirklichen.

Alles in allem scheinen sich die Argumente pro und contra Leistungssport die Waage zu halten. Der Schein trügt aber! Wir dürfen nämlich nicht vergessen, dass Sport ein Millionengeschäft ist. Im Fußball kaufen die reichsten Vereine die besten Spieler der Welt. Manchester United und Chelsea sind gute Beispiele. Wie sieht es in anderen Sportarten aus? Zu viel Geld ist überall im Spiel und das verdirbt die eigentliche Philosophie des Sports: „Dabeisein ist alles."

Man muss also unweigerlich zu dem Schluss kommen, dass Leistungssport tatsächlich Mord ist. Und nicht zuletzt: Sportverletzungen, Doping und Anabolikamissbrauch können tatsächlich den Tod herbeiführen. Ich werde also bestimmt kein professioneller Leistungssportler werden – mir ist mein Leben lieb!

▶ 3 VERGLEICHEN

Arbeiten Sie mit den Leuten, mit denen Sie auch Aufgabe 1 gemacht haben.

- Vergleichen Sie die Ergebnisse Ihrer Besprechung aus Aufgabe 1 mit dem Text selbst.
- Was hatten Sie richtig vorhergesagt?
- Hat der Autor über Dinge geschrieben, an die Sie nicht gedacht hatten?

▶ 4 ZUORDNEN

Arbeiten Sie alleine.

- Welche englischen Übersetzungen entsprechen den deutschen Strukturelementen?
- Schreiben Sie die deutschen Entsprechungen neben die englischen Übersetzungen. Die meisten stehen im Text, aber es gibt noch einige andere, die nützlich sein können.

Es steht fest, dass…

tatsächlich

Die Meinungen über… gehen weit auseinander.

Man muss also unweigerlich zu dem Schluss kommen, dass…

Die Kehrseite der Medaille ist, dass…

Man gewinnt häufig den Eindruck, dass…

jedoch

Es ist nicht zu leugnen, dass…

Es ist leicht zu ersehen, dass…

Wir dürfen nämlich nicht vergessen, dass…

allerdings

Wenn wir die Sache etwas genauer betrachten, stellen wir fest, dass…

außerdem

Alles in allem scheinen sich die Argumente…

Das wäre alles schön und gut, wenn…

Es steht außer Zweifel, dass…

ADVANCE MATERIALS: GUT LESEN, BESSER SCHREIBEN

	Opinions are divided on the topic of…
	One often gains the impression that… .
	It cannot be denied that…
	in fact
	however
	apart from this
	If we take a closer look at the facts, we will find that…
	It's a fact that…
	That would all be very well, if…
	It's beyond doubt that…
	It is easy to see that…
	The other side of the coin is that…
	but
	All in all, the arguments seem to…
	We must, however, not forget that…
	One cannot but come to the conclusion that…

▶5 ANALYSIEREN

Arbeiten Sie alleine oder zu zweit.

- Sehen Sie sich die zwei möglichen Strukturansätze für die Argumentation eines akademischen Aufsatzes gut an.
- Finden Sie dann im Text Beispiele, die Ihre Entscheidung unterstützen, wie im Beispiel auf der Seite 181 angedeutet.

ARGUMENTATIONSSTRUKTUR A

Titel
Einführung
Alle Vorteile • • •
Alle Nachteile • • •
Schluss

ARGUMENTATIONSSTRUKTUR B

Titel
Einführung
Vorteile und Nachteile
Vorteile und Nachteile
Vorteile und Nachteile usw.
Schluss

BEISPIEL

Nach der Einführung gibt der Autor Beispiele, um zu zeigen, dass Sporttreiben gesund ist, und dann… . In demselben Absatz sagt er, dass… Später schreibt er, dass… . Daher kann man sehen, dass er die Struktur [X] benutzt.

▶ 6 ENTSCHEIDEN

Arbeiten Sie zu zweit.

- Entscheiden Sie, welche rhetorischen Funktionen die folgenden Ausdrücke haben. Wählen Sie aus der unten stehenden Liste.
- Die Funktion für Absatz 1 ist als Beispiel bereits ausgefüllt.

Konsequenz * Verstärkung * Konzession * Gegenteil * Zusatz

Textstelle	Ausdruck	Funktion
Absatz 1	vor allem	Verstärkung
Absatz 2	tatsächlich	
Absatz 3	außerdem	
Absatz 4	Das wäre alles schön und gut, wenn…	
Absatz 6	Die Kehrseite der Medaille ist, dass…	
Absatz 7	jedoch	
Absatz 8	Der Schein trügt aber!	
Absatz 9	also	

ADVANCE MATERIALS: GUT LESEN, BESSER SCHREIBEN

▶ 7 SUCHEN

Arbeiten Sie alleine oder zu zweit.

- Suchen Sie die rhetorischen Mittel, die im Text benutzt worden sind und füllen Sie die folgende Tabelle mit Beispielen aus. Ein paar Beispiele sind bereits ausgefüllt, um Ihnen zu helfen.
- Finden Sie ein weiteres Beispiel für jede Kategorie.

Assonance	Ist Leistungssp<u>o</u>rt M<u>o</u>rd?
Hyperbole	Sport ist <u>überall</u>.
Listing (building up to a climax)	… in der Schule, in der Freizeit, in den Zeitungen und vor allem im Fernsehen.
Metaphor	In diesem Aufsatz werde ich die Vor- und Nachteile des Leistungssports einmal näher <u>unter die Lupe nehmen.</u>
Rhetorical questions	Wie sieht es in anderen Sportarten aus?
Short, simple sentences	

ADVANCE MATERIALS: GUT LESEN, BESSER SCHREIBEN

Exclamations	
Emotive language	<u>übernehmen</u> sich beim Wettkampf
Puns	
Proverbs	… mir ist mein Leben lieb!

►8 DISKUTIEREN

Arbeiten Sie zuerst allein und dann zu zweit.

- Sie sollen jetzt über die folgende Frage nachdenken: *Sollte man in der Öffentlichkeit rauchen dürfen?* Hier sind schon einige Ideen und Argumente, um ihnen zu helfen. Ein(e) Partner(in) unterstützt die Argumente für das Rauchen, und der/die andere stellt sich dagegen. Machen Sie nun selber eine Tabelle mit weiteren Argumenten. Ihre Tabelle sollte wie unten auch zwei Spalten haben, „Dagegen" und „Dafür".
- Dann diskutieren Sie die Frage.

Dagegen	Dafür
Erwachsene müssen frei sein, ihre eigene Wahl zu treffen.	Rauchen ist ungesund.
Viele Leute können sich beim Rauchen gut entspannen.	Die Langzeiteffekte sind nicht entspannend, sondern tödlich.
Zigaretten sind besteuert und das ist gut für die Wirtschaft.	Rauchen kann alle in der Nähe krank machen (passives Rauchen).
Kioske und Geschäfte, wo viele Zigaretten verkauft werden, würden bankrott gehen.	Rauchen während der Schwangerschaft kann das ungeborene Kind krank machen.
Die Tabakplantagen würden schließen und viele Leute würden arbeitslos werden.	Andere Leute haben keine Wahl. Sie müssen den Rauch einatmen.

▶9 VORBEREITEN

Arbeiten Sie weiter zu zweit.

- Wenn Sie alle Argumente zu dieser Frage gehört und diskutiert haben, bereiten Sie einen Aufsatz vor, in dem Sie die beiden Seiten untersuchen.
- Welche Struktur möchten Sie benutzen? Wie werden Sie Ihre Leser überzeugen? Was für rhetorische Mittel könnten Sie verwenden, um diesen Aufsatz aufregend, interessant und überzeugend zu gestalten?
- Stellen Sie sich die folgenden Fragen.

Für wen schreiben Sie? Für Erwachsene? Für Teenager?

Welche Schlussfolgerung wollen Sie ziehen?

Welche Aufsatzstruktur wird am besten auf diese Schlussfolgerung hinarbeiten?

Wie wollen Sie das Thema einführen?

Wie wollen Sie die Leser von Ihrer Meinung überzeugen? Mit Logik? Mit Emotionen?

Wollen Sie den Leser direkt ansprechen (Sie/du) oder das Thema objektiv besprechen (man)?

Welche rhetorischen Mittel sind hier am geeignetsten?

Wären Alliterationen oder Assonanzen nützliche sprachliche Mittel?

Wären Metaphern oder Vergleiche nützliche sprachliche Mittel, um die Leser zu überzeugen?

Wie werden Sie zusammengehörende Sätze oder verschiedene Absätze miteinander verbinden?

Wie werden Sie zeigen, dass Sie von „dafür" auf „dagegen" umlenken wollen, zum Beispiel um ein gegebenes Beispiel zu widerrufen und es damit ungültig zu machen?

Welches zusammenfassende Argument wollen Sie im Schlussabsatz verwenden?

▶10 SCHREIBEN

Arbeiten Sie alleine weiter, wenn Sie Aufgabe 9 beendet haben. Sie brauchen beide eine Kopie Ihres Plans.

- Schreiben Sie die Endversion Ihres Aufsatzes auf dem Computer.
- Sie können Änderungen im Entwurf vornehmen, besonders wenn Sie nicht mit der Meinung Ihres Partners/Ihrer Partnerin übereingestimmt haben. Diese Endversion soll nur *Ihre* Version sein!

▶11 BEURTEILEN

Wenn alle Aufsätze fertig sind, lesen Sie die anderen Aufsätze, die die Klasse produziert hat.

- Entscheiden Sie, was gut an jedem Aufsatz ist.
- Warum ist es so gut?
- Was hat der Autor/die Autorin gemacht?

Discussing and persuading 185

UNIT 15: Sollten Autos aus dem Stadtzentrum verbannt werden?

UNIT FRAMEWORK

Outcome	Writing an academic essay
Writing skill	Organising and writing an argumentative essay
Grammar/functional focus	Passive; constructing persuasive arguments
Audience	Examiner
Preliminary grammar revision	Conditional; comparatives

TEXT FEATURES

This text typifies the kind of academic essay that students are required to write in schools, colleges and universities. Argumentative texts of this type tend to occur in reports for official bodies, in which both sides of an argument are advanced and discussed and a recommendation put forward. While it may be seen, in the academic context, as a rather intellectual construction which has few counterparts in the real world of text use, it is an essential part of students' education in reading and writing.

The text should be examined for:

- structure and balance (introduction, paragraphing in main body, suitable conclusion)
- support for arguments (topic sentence, examples, facts, opinions)
- use of rhetorical devices (e.g. short sentences, metaphors, listings, questions).

EINFÜHRUNG

Wir lesen hier einen Aufsatz über den Verkehr im Stadtzentrum. Obwohl viele von uns gerne mit unseren Autos direkt in die Stadtzentren fahren, ergeben sich dabei auch Probleme. Hier untersuchen wir die Vor- und Nachteile des Autoverkehrs im Stadtzentrum, um zu entscheiden, ob er verboten werden sollte, oder nicht.

▶1 VORHERSAGEN

Aim: to prepare students for the reading comprehension by encouraging them to use their knowledge of the world to predict the type of arguments that might occur in the text.

Students work in pairs or in small groups to predict the type of arguments that will be used in the text. You could build up a list on the white board, on an OHP or on an IAWB. The following might be suggested and other arguments can be added as appropriate.

ADVANCE MATERIALS: GUT LESEN, BESSER SCHREIBEN

POSSIBLE ANSWER

Argumente für autofreie Stadtzentren	Argumente gegen autofreie Stadtzentren
zu viel Luftverschmutzung	das Stadtzentrum wird unzugänglich
zu viel Lärm	öffentliche Verkehrsmittel sind teuer und unpraktisch
zu viel Stau	Radfahren in der Stadt ist gefährlich
zu wenige Parkplätze	Leute, die einkaufen wollen, fahren in Einkaufszentren
weniger Unfälle	die Geschäfte und Restaurants in der Innenstadt haben weniger Kunden
mehr Platz für Fußgänger und Radfahrer	die Leute sind an ihre Autos gewöhnt
die Umwelt wird geschützt	
es muss etwas gemacht werden, um die Situation zu verbessern	

▶ 2 LESEN

Students should read the text at least twice. They should discuss possible meanings of unknown words using the context to help them, before using reference material such as a dictionary or glossaries. All suggestions could be written on a whiteboard or IAWB. Students should then enter new words and expressions on a new vocabulary sheet (see page 199) under the headings below. Alternatively, you could print a cumulative version of their suggestions from the IAWB.

Texttyp: Akademischer Aufsatz

Titel: Sollten Autos aus dem Stadtzentrum verbannt werden?

▶ 3 VERGLEICHEN

Aim: to focus students' attention on the arguments which did come up in the article and to compare these with their own predictions.

Students compare their notes with the text. Take this opportunity to share predicted words and expressions which did not, in fact, occur in the text, as this is an excellent way to acquire new vocabulary.

▶ 4 SUCHEN

Aim: to help students become aware of the structure of the text and cohesive devices used to achieve it.

Students work with a partner to divide the text into its four sections and give them appropriate titles. They fill in the table with structural expressions which they have found in the text. These expressions give *cohesion* to the text, i.e. they are visible signposts to the way in which the argument is proceeding. The logical development of the argument, which may take place without such visible signposting, is known as *coherence*. Explain this to the students in English, as they need to be aware that a successful text shows its links from paragraph to paragraph.

Discussing and persuading 187

POSSIBLE ANSWER

Überschrift für den Teil des Aufsatzes	Anfänge der Absätze	Englische Version
Einleitung	• Angesichts des…	• Faced with…
Argumente dafür	• Bürger, die sich für eine Verminderung des Verkehrs einsetzen, …	• People, who support traffic reduction…
	• Zudem…	• In addition/Furthermore…
	• Der größte Vorteil… wäre jedoch…	• The greatest (…) advantage would, however, be…
Argumente dagegen	• Es gibt jedoch auch viel Opposition.	• There is, however, also plenty of opposition.
	• Die Gegner… behaupten…	• The opposition claims…
	• Die schlimmste Konsequenz, laut der Opposition…	• The worst consequence, according to the opposition is…
	• Aber dürfen wir zulassen, dass die Stadtzentren sterben?	• But can we allow our town centres to die?
	• Autos aus den Stadtzentren zu verbannen ist nicht so einfach, wie es scheint.	• Banning cars in/from town centres is not as simple/easy as it looks/seems.
Schlussfolgerung	• Die Antwort liegt sicher in einem Kompromiss.	• The answer is surely to find a compromise.

▶ 5 ÜBEN

Aim: to get students to recognise and practise the passive voice.

ANSWER

All sentences have in common that they use the passive voice.

Eine Lösung würde gefunden (werden).

Abgase könnten vermieden (werden).

Die Bürger würden gewarnt (werden).

Autos müssen verbannt werden.

Gegner werden überzeugt.

Stadtzentren werden gesäubert.

▶ 6 FINDEN

Aim: to teach students to recognise rhetorical devices which are typical of this type of text.

In this exercise, students find examples of rhetorical devices used by the author to strengthen the argument. It would be too difficult at this stage to discuss rhetorical devices in German. You could draw on students' knowledge from GCSE English of figures of speech such as simile and metaphor. You could draw up a short list of figures of speech in English and ask students to give you an example of each.

ADVANCE MATERIALS: GUT LESEN, BESSER SCHREIBEN

Discussing and persuading

Suggested ones might be:

- rhetorical questions (questions to which the answer is then given, or to which no answer is expected)
- metaphor (an image where one thing is said to be another)
- simile (an image where one thing is compared to another using the expressions: 'such as/as/like')
- hyperbole (sentences, which may not be literally true, but are an exaggeration for the sake of effect)
- emotive language (words used to address the heart rather than the intellect).

Draw attention to the following devices, which are linguistic tools to aid persuasion:

- listings (the device of stringing items together, so as to give the impression of exhausting the subject)
- climax (putting points in order of importance, with the most important last)
- short, simple sentences (to contrast with long, complex ones and thus drawing the reader's attention to them).

SUGGESTED ANSWER

RHETORICAL QUESTIONS

Aber dürfen wir zulassen, dass die Stadtzentren sterben?

Wollen wir in Städten ohne Herz leben, wo...

Wollen wir, dass Cafés und Restaurants schließen müssen,...

METAPHORS

ein stetiger Exodus aus den Stadtzentren

den Todesstoß erleiden

der Herausforderung ins Auge sehen

HYPERBOLE/SUPERLATIVES

unter denen die jüngsten und ältesten Menschen am meisten leiden

der größte Vorteil

der „grünste Stadtbewohner"

die schlimmste Konsequenz

hat die Stadt alles, was wir brauchen

EMOTIVE LANGUAGE

gefährliche Abgase

alarmierende Verschlechterung der Luftqualität

endlich

sorglos

das Problem

der Stress

ein nicht zu unterschätzendes Risiko

den Todesstoß erleiden

ADVANCE MATERIALS: GUT LESEN, BESSER SCHREIBEN

LISTINGS

Sowohl Asthma und andere Lungenkrankheiten als auch Allergien

Parkplätze, Geschäfte, Cafés, Kinos, sogar Bäume und Springbrunnen

Mit Gebäuden wie dem Rathaus, Kirchen, Postämtern und Banken

Wollen wir, dass Cafés und Restaurants schließen müssen, Märkte und Tante-Emma-Läden verschwinden?

SHORT SENTENCES

Es gibt jedoch auch viel Opposition.

Einkaufszentren jedoch sind nur auf Konsum ausgerichtet.

Autos aus den Stadtzentren zu verbannen ist nicht einfach.

Entscheidungen müssen mit Voraussicht getroffen werden.

▶7 DISKUTIEREN

Aim: to give students practice in supporting a particular viewpoint.

Students discuss and find arguments for and against the proposal: *Sollten Supermärkte Waren ohne Verpackungen verkaufen?*

The following arguments are given. Students have one side of the argument and are asked to find further examples for their list. They then discuss the question and note down the arguments of their peers.

SUGGESTED ANSWER

Dagegen	Dafür
Nahrungsmittel ohne Verpackung zu verkaufen ist unhygienisch.	Viele Verpackungen sind unnötig.
Die Verpackungen sind nötig, um die Waren zu schützen.	Plastikverpackungen sind schlecht für die Umwelt.
Eine attraktive Verpackung ist wichtig für das Marketing.	Verpackungsmüll lässt den Müllberg schneller wachsen.
Es ist praktischer, abgepackte Waren, z.B. Obst zu kaufen.	Kunden möchten Einzelteile selber aussuchen, z.B. bei Gemüse die frischen oder reifen Artikel auswählen.
Die Verpackungen können mit Preisen bzw. ISBN-Nummern gekennzeichnet werden. Dann geht es an der Kasse schneller.	Die Herstellung von Verpackungen kostet auch viel Geld und Energie.

▶8 VORBEREITEN

Aim: to help students consider carefully their intended audience and the structures and devices which will best convince that audience.

Once the students have completed their discussions and noted down their opponent's arguments, they begin to prepare their essay on the topic outlined in Exercise 7. Before they start writing, they should consider the following questions.

- Whom are they addressing? The examiner?
- What conclusion do they want to reach?
- How will they introduce the topic?
- How will they attempt to convince? By logic or through emotion?

ADVANCE MATERIALS: GUT LESEN, BESSER SCHREIBEN

- Do they want to address the reader directly, or stand back and write objectively? If the former, they should use *Sie* or *du*, if the latter, they should use *man*.
- Do they want to use a similar structure for their essay as in the example (introduction, arguments for, arguments against, conclusion)?
- What final, all-conclusive argument can they muster for the final paragraph?

Once they have jotted down possible answers to these questions, they then begin to map a possible structure, using the templates on pages 204 and 205. On these they can jot down phrases, linking words, rhetorical devices, etc., in order to have a rough but very concrete plan. When doing so they should consider some further questions.

- Which rhetorical devices will best suit these purposes?
- Do they want to use metaphor?
- How will they link connected sentences and paragraphs?
- How will they show when they are changing tack, e.g. to counteract a previously given example?

They then draft the essay in its first form. This should be submitted to other members of the group for criticism, correction and suggestion. A final draft of the plan should then be produced. Both partners in the pair need to end up with their own version of the plan, so they can work individually from now on.

▶9 SCHREIBEN

Aim: to get students to write their final version of the essay so that other students can comment on it.

Students individually write their final version on the basis of their preparatory work. They might like to change some of the features of the initial plan if they did not agree with certain aspects.

▶10 BEURTEILEN

Once the final draft is completed, students write up the essay using ICT. The final versions could be circulated and students could judge what is good in every example and why. In doing so, they should consider the structure of the essay and the use of rhetorical devices as well as the arguments presented.

UNIT 15: Sollten Autos aus dem Stadtzentrum verbannt werden?

▶1 VORHERSAGEN

Arbeiten Sie zu zweit oder in einer kleinen Gruppe.

- In diesem Text geht es um die Vor- und Nachteile von autofreien Stadtzentren.
- Welche Argumente werden wohl im Text vorkommen?
- Kopieren Sie die folgende Tabelle und führen Sie die zwei Listen fort.

BEISPIEL

Argumente für autofreie Stadtzentren	Argumente gegen autofreie Stadtzentren
viel Luftverschmutzung durch Autos	das Stadtzentrum wird unzugänglich

▶2 LESEN

Arbeiten Sie zu zweit.

- Lesen Sie den folgenden Text mindestens zweimal.
- Suchen Sie in einem Wörterbuch die Wörter und Ausdrücke, die Ihnen unbekannt sind. Sie könnten mit Ihrem Partner/Ihrer Partnerin arbeiten und den Sinn von unbekannten Wörtern besprechen.
- Tragen Sie neue Wörter und Ausdrücke auf ein neues Vokabelblatt ein.

SOLLTEN AUTOS AUS DEM STADTZENTRUM VERBANNT WERDEN?

Angesichts des wachsenden Individualverkehrs in unseren Städten, ergreifen Stadtväter immer häufiger Maßnahmen, um unsere Stadtzentren vom Verkehr zu befreien. Obwohl die Grünen solche Maßnahmen unterstützen, ergeben sich eine Reihe von Schwierigkeiten, deren Lösung nicht unbedingt einfach ist.

Bürger, die sich für eine Verminderung des Verkehrs einsetzen, streben vor allem eine Verringerung der Luftverschmutzung an. Autos stoßen gefährliche Abgase aus und Tausende von Wagen in unseren Klein- und Großstädten tragen zu einer alarmieren Verschlechterung der Luftqualität bei. Sowohl Asthma und andere Lungenkrankheiten als auch Allergien steigen ständig an, wobei die jüngsten und ältesten Menschen am meisten leiden. Eine Verminderung des Verkehrs und der damit verbundenen Abgase würde weniger dieser Erkrankungen bedeuten. Zudem würden weniger Autos in von Fußgängern häufig benutzten Straßen zu einem Rückgang an Unfällen führen. Außerdem würde ein Autoverbot öffentliche Plätze den Bürgern wieder zugänglich machen, das heißt, für Fußgänger, Geschäftsinhaber, Shopper und Eltern, die sich um die Sicherheit ihrer Kinder

ADVANCE MATERIALS: GUT LESEN, BESSER SCHREIBEN

sorgen. Vom Verkehr befreit, würden unsere Stadtzentren endlich wieder angenehme Orte werden, an denen man sorglos spazieren gehen und sich an der Umgebung erfreuen kann.

Der größte Vorteil eines solchen Autoverbotes wäre jedoch, dass die Öffentlichkeit darauf aufmerksam gemacht würde, wie wichtig es ist unsere Umwelt zu schützen. Die Menschen würden sich in sauberen und angenehmen Stadtzentren bewegen und so die Vorteile deutlich spüren. Ein Autoverbot würde allerdings ein Umdenken und eine Veränderung des bisherigen Lebensstils bedeuten. Leute, die an ihren Autos hängen, würden die Vorteile der öffentlichen Verkehrsmittel am eigenen Leib erleben; das Problem der Parkplatzsuche wäre gelöst und der Stress mit Verkehrsstaus und die Angst vor Strafzetteln vermieden.

Es gibt jedoch auch viel Opposition. Die Gegner eines Autoverbots behaupten, dass die Stadtzentren unzugänglicher gemacht würden. Öffentliche Verkehrsmittel sind zugunsten von Maßnahmen, die den Individualverkehr fördern sollten, vernachlässigt worden. Das heißt, dass es jetzt unpraktisch, langsam und unbequem geworden ist, mit Bus oder Staßenbahn in die Stadt zu fahren. Es dauert oft doppelt so lange, wenn man öffentliche Verkehrsmittel anstelle des Autos benutzt. Nehmen wir noch hohe Fahrkartenpreise, volle Busse und Bahnen und die Wartezeit in kaltem und nassem Wetter dazu, dann wird sogar der „grünste" Stadtbewohner die Motivation verlieren, das Auto in der Garage stehen zu lassen. Obwohl Fahrräder eine gute Alternative zu sein scheinen, sind sie keine sichere Möglichkeit für Kinder oder Rentner. Außerdem stellt das Radfahren in starkem Verkehr ein nicht zu unterschätzendes Risiko dar.

Die schlimmste Konsequenz, laut der Opposition, wäre ein stetiger Exodus aus den Stadtzentren. Geschäfte, die schon jetzt in Konkurrenz mit riesigen Einkaufszentren außerhalb der Stadt leben müssen, würden den Todesstoß erleiden. Solche Einkaufszentren bieten dem Käufer, was er sucht: Parkplätze, Geschäfte, Cafés, Kinos, sogar Bäume und Springbrunnen – kurz alles, was einem die Illusion vermittelt im Stadtzentrum zu sein. Wenn kauffreudige Bürger eine Entscheidung treffen sollen zwischen verstopften Stadtzentren und den einfach zu erreichenden Einkaufszentren, dann gewinnt das Shopping Centre allemal.

Aber dürfen wir zulassen, dass die Stadtzentren sterben? Schließlich sind sie es, die einer Stadt Leben schenken. Mit Gebäuden, wie dem Rathaus, Kirchen, Postämtern und Banken, die verschiedene Aspekte unseres Lebens symbolisieren, hat die Stadt alles, was wir brauchen. Einkaufszentren jedoch sind nur auf Konsum ausgerichtet. Wollen wir in Städten ohne Herz leben, wo es nur Wohnungen gibt und die Einkaufsmöglichkeiten außerhalb liegen? Wollen wir, dass Cafés und Restaurants schließen müssen, Märkte und Tante-Emma-Läden verschwinden?

Autos aus den Stadtzentren zu verbannen ist nicht einfach. Entscheidungen müssen mit Voraussicht getroffen werden. Heutzutage sind die Menschen an ihre Autos gewöhnt und Gewohnheiten lassen sich nicht von einem Tag auf den anderen ändern. Die Antwort liegt sicher in einem Kompromiss, der die Lebensqualität in unseren Städten erhalten und verbessern wird und gleichzeitig die Umwelt schützt. Unsere Stadtzentren zu retten ist eine Herausforderung, der früher oder später alle Lokalpolitiker ins Auge sehen müssen, ob es ihnen gefällt oder nicht.

▶3 VERGLEICHEN

Arbeiten Sie mit den Leuten, mit denen Sie auch Aufgabe 1 gemacht haben.

- Vergleichen Sie die Ergebnisse Ihrer Besprechung aus Aufgabe 1 mit dem Text selbst.
- Was hatten Sie richtig vorhergesagt?
- Hat der Autor über Dinge geschrieben, an die Sie nicht gedacht hatten?

▶4 UNTERSUCHEN

Hier sehen Sie sich an, wie der Text in sich zusammenhängt. Arbeiten Sie zu zweit.

- Untersuchen Sie zuerst, wie der Aufsatz in vier Teile geteilt werden kann. Geben Sie jedem Teil eine Überschrift, die kurz sagt, worum es hier geht. Füllen Sie damit die erste Spalte der Tabelle aus. Ein Beispiel ist schon eingetragen.
- Untersuchen Sie dann die Anfänge der Absätze. Notieren Sie die benutzten Ausdrücke und übersetzen Sie sie ins Englische. Auch hierzu sind schon zwei Beispiele in der Tabelle.

Überschrift für den Teil des Aufsatzes	Anfänge der Absätze	Englische Version
Argumente dafür	• Angesichts des...	
		• People, who support traffic reduction...
	•	
	•	•
	•	
	•	•
	•	
	•	•
	• Die schlimmste Konsequenz, laut der Opposition...	
		•
	•	
		•
	•	
		• The answer is surely to find a compromise.
	•	

▶ 5 ÜBEN

Arbeiten Sie zu zweit.

- Sehen Sie sich die folgenden Beispielsätze aus dem Text gut an. Was haben sie gemeinsam? Um Ihnen zu helfen, sind bestimmte Teile der Sätze unterstrichen.

- Verwandeln Sie dann die Satzteile in der Tabelle auf Seite 195 in ähnliche Sätze.

SÄTZE AUS DEM TEXT

1 Sollten Autos aus dem Stadtzentrum <u>verbannt werden</u>?

2 Der größte Vorteil eines solchen Autoverbotes wäre jedoch, dass die Öffentlichkeit darauf aufmerksam <u>gemacht würde</u>, wie wichtig es ist unsere Umwelt zu schützen.

3 Die Gegner eines Autoverbots behaupten, dass die Stadtzentren unzugänglicher <u>gemacht</u> <u>würden</u>.

4 Öffentliche Verkehrsmittel sind zugunsten von Maßnahmen, die den Individualverkehr förden sollten, <u>vernachlässigt worden.</u>

5 Entscheidungen müssen mit Voraussicht <u>getroffen werden.</u>

BEISPIEL

Maßnahmen... sollten... ergreifen → Maßnahmen sollten ergriffen werden.

eine Lösung... würde... finden

Abgase... könnten... vermeiden

die Bürger... würden... warnen

Autos... müssen ... verbannen

Gegner... überzeugen

Stadtzentren... säubern

▶6 FINDEN

Arbeiten Sie alleine oder zu zweit. Finden Sie im Text Beispiele für die folgenden rhetorischen Mittel.

1   Rhetorische Fragen (*rhetorical questions*)

2   Metaphern (*metaphors*)

3   Übertreibungen/Superlative (*hyperbole/superlatives*)

4   Emotionale Sprache (*emotive language*)

5   Listen (*listings*)

6   Kurze Sätze (*short sentences*)

▶7 DISKUTIEREN

Arbeiten Sie zu zuerst alleine und dann zu zweit.

- Denken Sie nun über die folgende Frage nach: Sollten Supermärkte Waren ohne Verpackungen verkaufen? Entscheiden Sie mit Ihrem Partner/Ihrer Partnerin, wer von Ihnen später für diese Möglichkeit und wer dagegen diskutieren wird.

- Führen Sie dann Ihre Liste fort. Hier sind schon einige Ideen und Argumente, um ihnen zu helfen. Schreiben Sie weitere Argumente dazu.

- Zuletzt diskutieren Sie die Frage mineinander. Ein Partner/Eine Partnerin unterstützt die Argumente für das Abschaffen von Verpackungen und der/die andere stellt sich dagegen.

- Notieren Sie nach der Diskussion die Argumente Ihres Diskussionspartners, damit Sie eine vollständige Liste haben.

ADVANCE MATERIALS: GUT LESEN, BESSER SCHREIBEN

Dagegen	Dafür
Nahrungsmittel ohne Verpackung zu verkaufen ist unhygienisch.	Viele Verpackungen sind unnötig.
Die Verpackungen sind nötig, um die Waren zu schützen.	Plastikverpackungen sind schlecht für die Umwelt.
Eine attraktive Verpackung ist wichtig für das Marketing.	Verpackungsmüll lässt den Müllberg schneller wachsen.

▶8 VORBEREITEN

Arbeiten Sie weiter zu zweit.

- Nachdem Sie nun alle Argumente zur Frage in Übung 7 gehört und diskutiert haben, planen Sie Ihren Aufsatz zum selben Thema.
- Machen Sie sich zuerst Gedanken über die Struktur und den Ansatz für Ihren Aufsatz. Die folgenden Fragen sollen Ihnen hierbei helfen.

Für wen schreiben Sie? Für den Prüfer?

Welche Schlussfolgerung wollen Sie ziehen?

Wie wollen Sie das Thema einleiten?

Wie wollen Sie den Leser von Ihrer Meinung überzeugen? Mit Logik? Mit emotionaler Sprache?

Wollen Sie den Leser direkt ansprechen (Sie/du) oder das Thema objektiv besprechen (man)?

Wollen Sie eine ähnliche Struktur wie im Beispiel für Ihren Aufsatz (Einleitung, Argumente dafür, Argumente dagegen, Schlussfolgerung)?

Welches zusammenfassende Argument wollen Sie im letzten Absatz verwenden?

Wenn Sie all dies geplant haben, entwerfen Sie auf dem Vordruck eine Struktur und sammeln Sie detaillierte Ideen. Die folgenden Fragen sollen Ihnen hierbei helfen. Notieren Sie Ihre Antworten hierauf auch auf dem Vordruck.

Welche rhetorischen Mittel sind hier am geeignetsten?

Wollen Sie Metaphern verwenden? Wenn ja, welche?

ADVANCE MATERIALS: GUT LESEN, BESSER SCHREIBEN

Wie werden Sie zusammengehörende Sätze und die verschiedenen Absätze miteinander verbinden?

Wie werden Sie zeigen, dass Sie von „dafür" auf „dagegen" umlenken wollen, zum Beispiel um ein gegebenes Beispiel zu widerrufen und damit ungültig zu machen?

Wenn Sie diese Aufgabe mit Ihrem Partner/Ihrer Partnerin beendet haben, brauchen Sie beide eine Version Ihres Entwurfes. Von nun an arbeiten Sie alleine weiter.

▶9 SCHREIBEN

Arbeiten Sie nun alleine.

- Schreiben Sie die Endversion des Aufsatzes auf dem Computer.
- Wenn Sie die erste Version des Aufsatzes fertig haben, denken Sie über die Sprache nach.
- Sie können Änderungen im Entwurf vornehmen, besonders wenn Sie nicht mit der Meinung Ihres Partners/Ihrer Partnerin übereingestimmt haben. Diese Endversion soll nur *Ihre* Version sein!

▶10 BEURTEILEN

Wenn alle Aufsätze fertig sind, lesen Sie die anderen Versionen zum Thema, die die Klasse produziert hat.

- Entscheiden Sie, was gut an jedem Aufsatz ist.
- Warum ist es so gut?
- Was hat der Autor/die Autorin gemacht, um diese Effekte zu erzielen?

ADVANCE MATERIALS: GUT LESEN, BESSER SCHREIBEN

GRAMMAR CHECKLIST

Once you've drafted your work and copied it carefully into its final presentation, it's absolutely essential that you carry out a final check for accuracy. You must check the following aspects of all written work.

TITLE: _____

- [ ] Checks have been made for:
- [ ] Gender of nouns (masculine, feminine or neuter)
- [ ] Agreement of adjectives with nouns
- [ ] Agreement of determiners with nouns (*der/die/das; dieser/diese/dieses; mein/meine/mein* etc.)
- [ ] Agreement of subject and verb (verb endings)
- [ ] Choice of verb tenses
- [ ] Choice of auxiliary *haben* or *sein* when forming the perfect tense
- [ ] Past participles of irregular verbs
- [ ] Use and formation (with *werden*) of the passive
- [ ] Use of *man* instead of *du* or *Sie*, or to translate 'they' or 'people'
- [ ] Use of indirect speech
- [ ] Spelling (e.g capital letters)
- [ ] Punctuation
- [ ] Word order in the main clause
- [ ] Word order in subordinate clauses
- [ ] Order of adverbials: time, manner, place
- [ ] Prepositions that trigger different cases (accusative, dative, genitive)
- [ ] Verbs that trigger the dative case
- [ ] Direct and indirect objects are in correct cases

ADVANCE MATERIALS: GUT LESEN, BESSER SCHREIBEN

Vokabeln

TEXTART: _____

TITEL: _____

Deutsch	Englisch

ADVANCE MATERIALS: GUT LESEN, BESSER SCHREIBEN

Stadt, Datum

Adresse des Absenders

E-mail

Adresse des Empfängers

Inhalt des Briefes/In Bezug auf…

Anrede

Text

Schluss

Unterschrift

Anlagen

ADVANCE MATERIALS: GUT LESEN, BESSER SCHREIBEN

..............., 20

Adresse des Absenders

E-mail

Adresse des Empfängers

Inhalt des Briefes/In Bezug auf...

Anrede

Text

Schluss

Unterschrift

Anlagen

..............., 20

ADVANCE MATERIALS: GUT LESEN, BESSER SCHREIBEN

This essay has been annotated to help you see how certain phrases can help structuring an essay of this kind. Such phrases are underlined. Rhetorical devices employed in this piece of writing are indicated in bold and named [in brackets]. You should aim to use such devices in your own writing to the best of your ability.

IST LEISTUNGSSP**O**RT M**O**RD? *[ASSONANCE]*

Man gewinnt häufig den Eindruck, dass sich die Welt heutzutage um den Sport dreht. Sport ist **überall** *[hyperbole]*: **in der Schule, in der Freizeit, in den Zeitungen und vor allem im Fernsehen**. *[listing/climax]* Doch die Meinungen über den Leistungssport gehen weit auseinander. In diesem Aufsatz werde ich die Vor- und Nachteile des Leistungssports einmal **näher unter die Lupe nehmen.** *[metaphor]*

Es ist nicht zu leugnen, dass Sport gesund ist. Wer Sport treibt, **wird nicht so schnell dick, bleibt fit und hat meistens ein gesundes Herz.** *[listing]* Leute, die ihren Sport wettbewerbsmäßig betreiben, rauchen nicht, weil es ihre Leistung beeinflusst. Tatsächlich haben viele Leute heutzutage so viel Stress, dass sie Sport machen müssen, um sich zu entspannen. Allerdings entspannen sich die meisten gestressten Leute beim Sport vor dem Fernseher und nicht als aktive Teilnehmer.

Wenn wir die Sache etwas genauer betrachten, stellen wir außerdem fest, dass viele Leute, die selber Sport treiben, sich oft dabei verletzen – und das nicht nur beim Leistungssport. **Wie viele Leute kommen zum Beispiel mit gebrochenen Knochen aus dem Wintersport nach Hause?** *[rhetorical question]* Andere **übernehmen** sich beim Wettkampf oder sogar nur beim Training und ziehen sich **schmerzhafte Verletzungen** *[emotive language]* zu. Hinzu kommen noch Langzeitauswirkungen wie zum Beispiel Arthrose oder Rückenleiden. **Ist Sport also wirklich so gesund?** *[rhetorical questions]*

Es steht fest, dass der Mensch ständig versucht neue Rekorde aufzustellen. Viele Leute sagen mit Recht, dass die Menschen Ziele brauchen und durch Sport kann man immer neue Ziele finden. Das wäre alles schön und gut, wenn nicht im Leistungssport mit Doping und Anabolikamissbrauch **gemogelt** *[emotive]* würde. Es steht außer Zweifel, dass Doping im

Leistungssport ein nicht zu unterschätzendes Problem ist.

Sport soll Spaß machen. *[short, simple sentence]* Für viele **Kinder, Jugendliche und Erwachsene** *[list]* ist Sport ein wichtiger Teil ihrer Freizeitgestaltung. Leider gibt es aber auch immer wieder Eltern, die ihre Kinder schon als Kleinkind auf eine Olympiamedaille vorbereiten wollen. Als Beispiele können hier Eistanzen und Gymnastik dienen. Aber auch in anderen Sportarten müssen sich die Kinder schon früh ernsthaft bemühen. Oft wird mindestens einmal am Tag für mehrere Stunden trainiert und am Wochenende gibt es Wettkämpfe. **Was hat das noch mit Freude am Sport zu tun?** *[rhetorical question]*

<u>Es ist leicht zu ersehen, dass</u> Sport für die Unterhaltungsindustrie wichtig ist. **Sport ist Teil unserer Gesellschaft.** *[short, simple sentence]* **Die Kehrseite der Medaille ist,** *[metaphor]* dass sich einige Leute bei Sportveranstaltungen wie zum Beispiel bei Fußballspielen, wie die Wilden benehmen. Hier könnte man behaupten, dass Leistungssport nicht zivilisierend auf die Menschen wirkt, weil er bei manchen **das Schlimmste** *[hyperbole]* zum Vorschein bringt.

<u>Es steht außer Zweifel, dass</u> Sport gut für das Selbstbewusstsein ist. Wenn man gewinnt, ist man stolz und das ist natürlich positiv. <u>Jedoch</u> können nur die Besten im Leistungssport gewinnen. Es liegt in der menschlichen Natur gewinnen zu wollen und daher versucht so mancher Leistungssportler mit Doping seinen Traum von der Medaille oder dem Rekord zu verwirklichen.

<u>Alles in allem scheinen sich die Argumente</u> pro und contra Leistungssport **die Waage zu halten.** *[metaphor]* **Der Schein trügt aber!** *[exclamation and short simple sentence]* <u>Wir dürfen nämlich nicht vergessen, dass</u> Sport ein Millionengeschäft ist. Im Fußball kaufen die reichsten Vereine die besten Spieler der Welt. Manchester United und Chelsea sind gute Beispiele. Wie sieht es in anderen Sportarten aus? Zu viel Geld ist überall **im Spiel** *[pun]* und das verdirbt die eigentliche Philosophie des Sports: **„Dabeisein ist alles."** *[proverb]*

<u>Man muss also unweigerlich zu dem Schluss kommen, dass</u> Leistungss**port** tatsächlich **M**o**r**d ist *[assonance]*: Und nicht zuletzt: **Sportverletzungen, Doping und Anabolikamissbrauch** *[listing]* können tatsächlich den Tod herbeiführen. Ich werde also bestimmt kein professioneller Leistungssportler werden – **mir ist mein Leben lieb!** *[proverb]*

Titel
Einführung
Alle Vorteile
Alle Nachteile
Schluss

ADVANCE MATERIALS: GUT LESEN, BESSER SCHREIBEN

Titel
Einführung
Vorteile und Nachteile
Vorteile und Nachteile
Vorteile und Nachteile
Schluss

ADVANCE MATERIALS: GUT LESEN, BESSER SCHREIBEN

Acknowledgements

Many thanks to the group of IB students who studied German Higher and Standard at Exeter College from 2003-2005. Alice, Amy, Hannah, Heidi, Jess, Kim and Ted worked through several units and gave the authors valuable feedback.

The publisher wishes to thank the following sources for their kind permission to reproduce copyright material:

Photographs

Cover: Hyde Flippo

Unit 1, page 15: Ted Richards

Unit 3, page 41: Katharina Massmann

Unit 6, pages 73, 74, 75: © Presse- und Informationsamt der Bundesregierung, Bundesbildstelle Bonn

Unit 7, pages 87, 88, 89: Martina Esser

Unit 8, page 99: © Presse- und Informationsamt der Bundesregierung, Bundesbildstelle Bonn

Unit 9, page 109: © Presse- und Informationsamt der Bundesregierung, Bundesbildstelle Bonn. Page 111: © Garmö Freizeit GmbH, Neuenkirchen, www.strandkoerbe.de

Unit 12, pages 146, 150, 153: © Presse- und Informationsamt der Bundesregierung, Bundesbildstelle Bonn

Unit 14, page 178: © Presse- und Informationsamt der Bundesregierung, Bundesbildstelle Bonn